AF458494

TABLEAU ENCYCLOPÉDIQUE ET MÉTHODIQUE DES TROIS REGNES DE LA NATURE.

125

Z 8650 (15)

TABLEAU
ENCYCLOPEDIQUE
ET MÉTHODIQUE
DES TROIS RÈGNES DE LA NATURE.

DIX-NEUVIÈME PARTIE.

VERS TESTACÉES,
A COQUILLES BIVALVES.

A PARIS,
Chez HENRI AGASSE, Imprimeur-Libraire, rue des Poitevins
N°. 18.

M. DCC. XCVII.
L'AN V. DE LA RÉPUBLIQUE FRANÇAISE.

NOUS nous proposions de donner quelques feuilles du Texte des Planches des *Vers*; mais l'Auteur a jugé plus convenable de donner de suite le Texte qui concerne ces Planches, afin d'avoir le temps d'y mettre plus de perfection, de méthode & d'exactitude. Nous répétons ici ce que nous avons souvent dit aux Souscripteurs : nous les invitons à ne faire relier aucun volume de Planches, parce que nous leur indiquerons l'ordre essentiel à suivre pour ne pas confondre une partie des Planches d'*Histoire Naturelle* avec une autre, par exemple celles des *Insectes* avec celles qui appartiennent aux *Vers*, &c.

Spondyle Spondylus Pl. 190

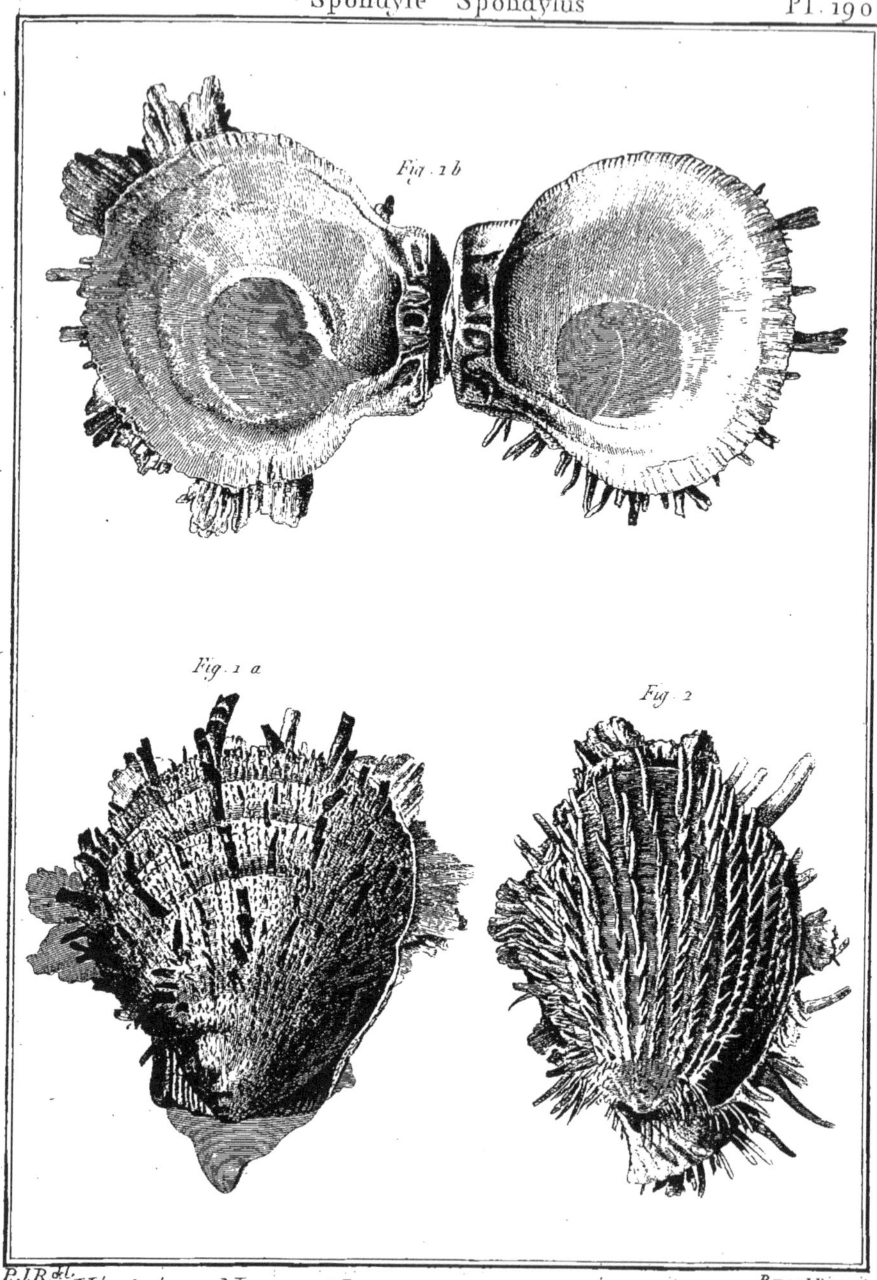

P. J. R. del.

Histoire Naturelle Vers Testacés à Coquille Bivalve Irréguliere

Benard Direxit

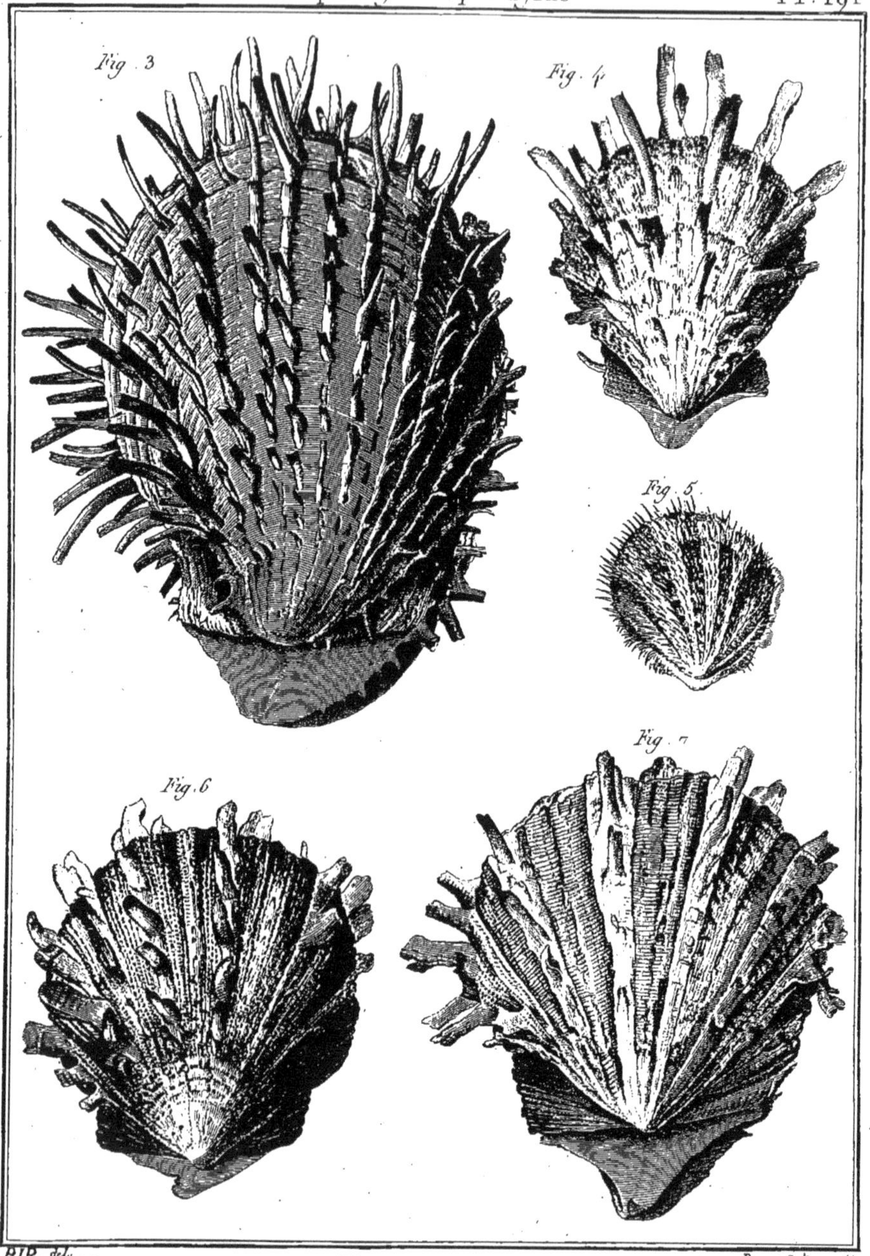

P.J.R. del. Benard Direxit

Histoire Naturelle, Vers Testacés à Coquille Bivalve Irréguliere

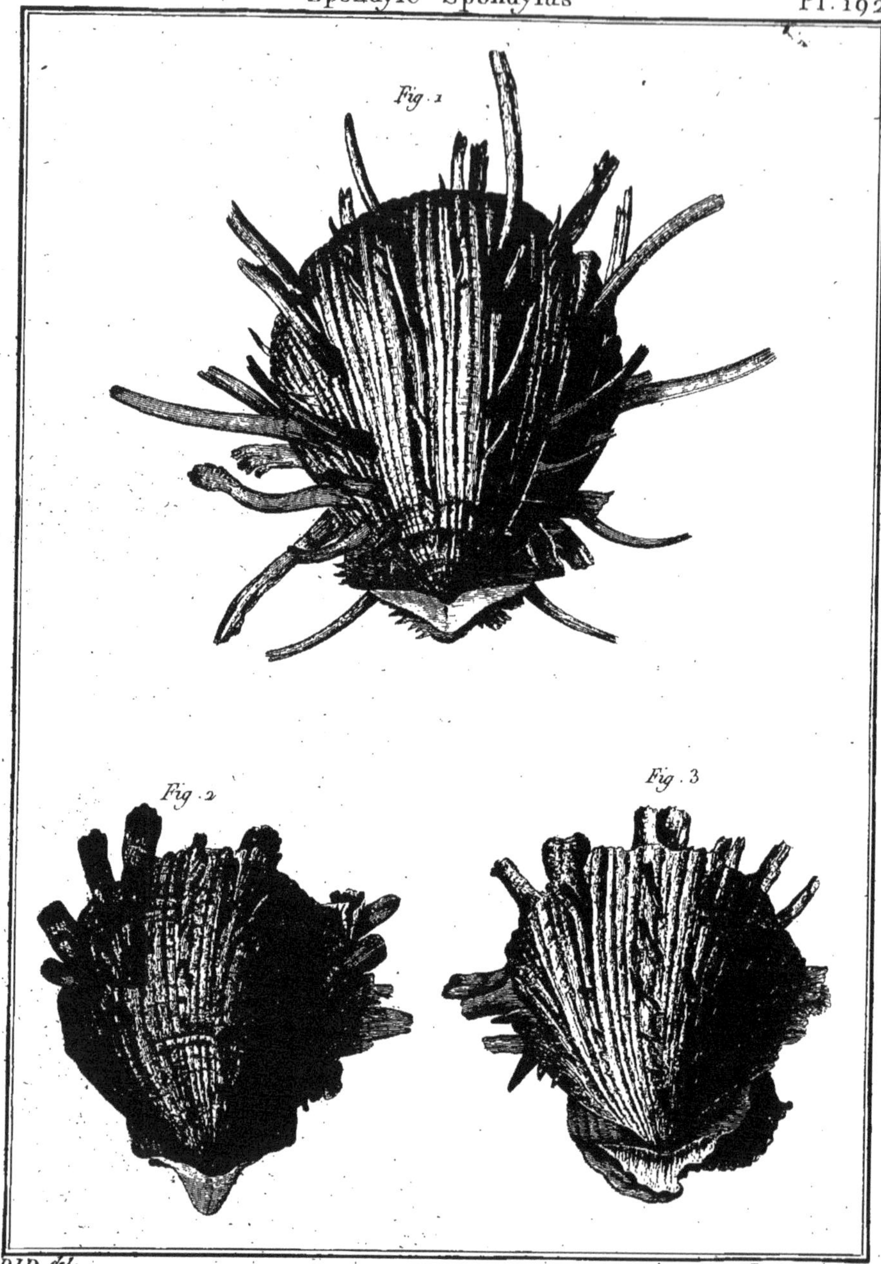

P.J.R. del. Benard Direxit

Histoire Naturelle, Vers Testacés à Coquille Bivalve Irréguliere

Fig. 1

Fig 2. a

Fig 2. b

Benard Direxit

Histoire Naturelle, Vers Testacés à Coquille Bivalve Irréguliere

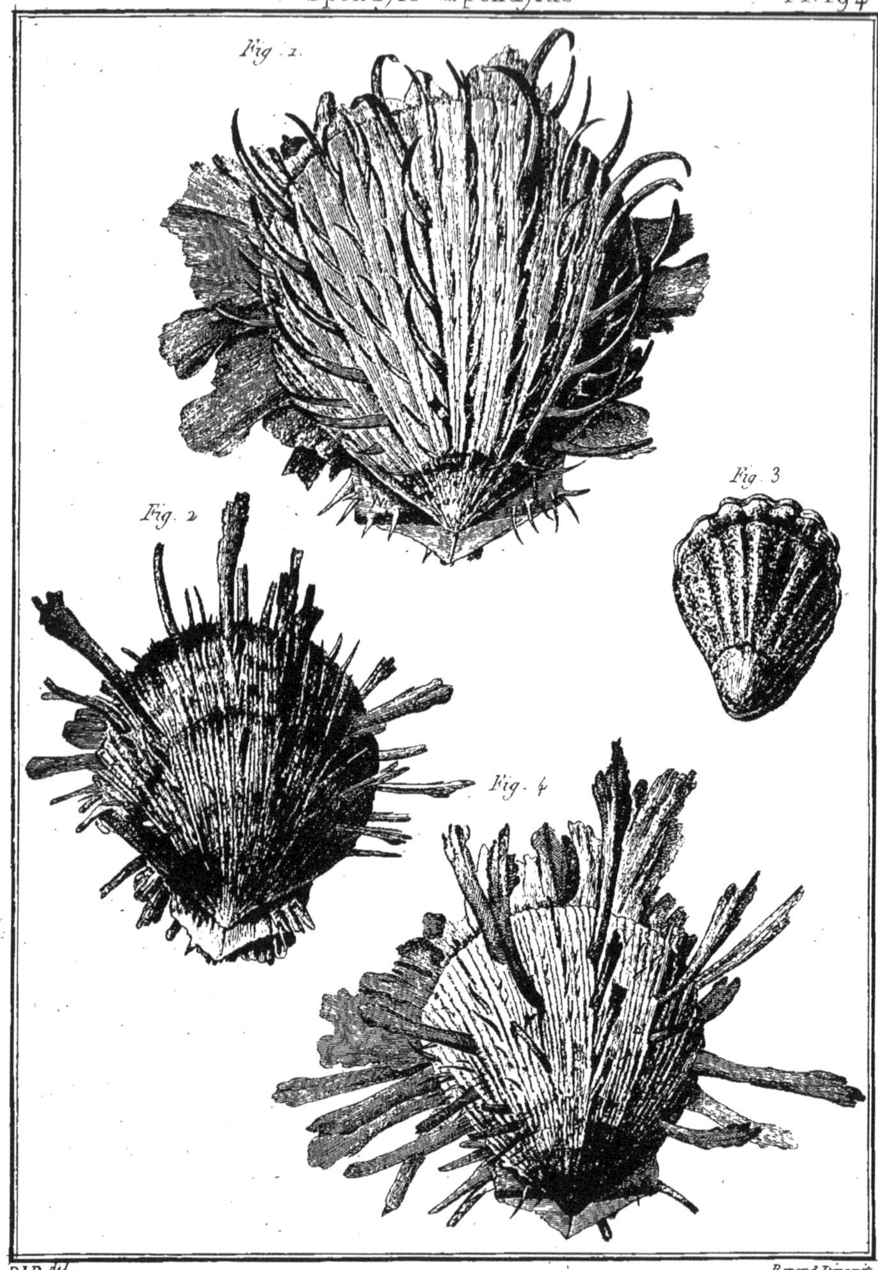

P.J.R. del. Benard Direxit

Histoire Naturelle, Vers Testacés à Coquille Bivalve Irréguliere

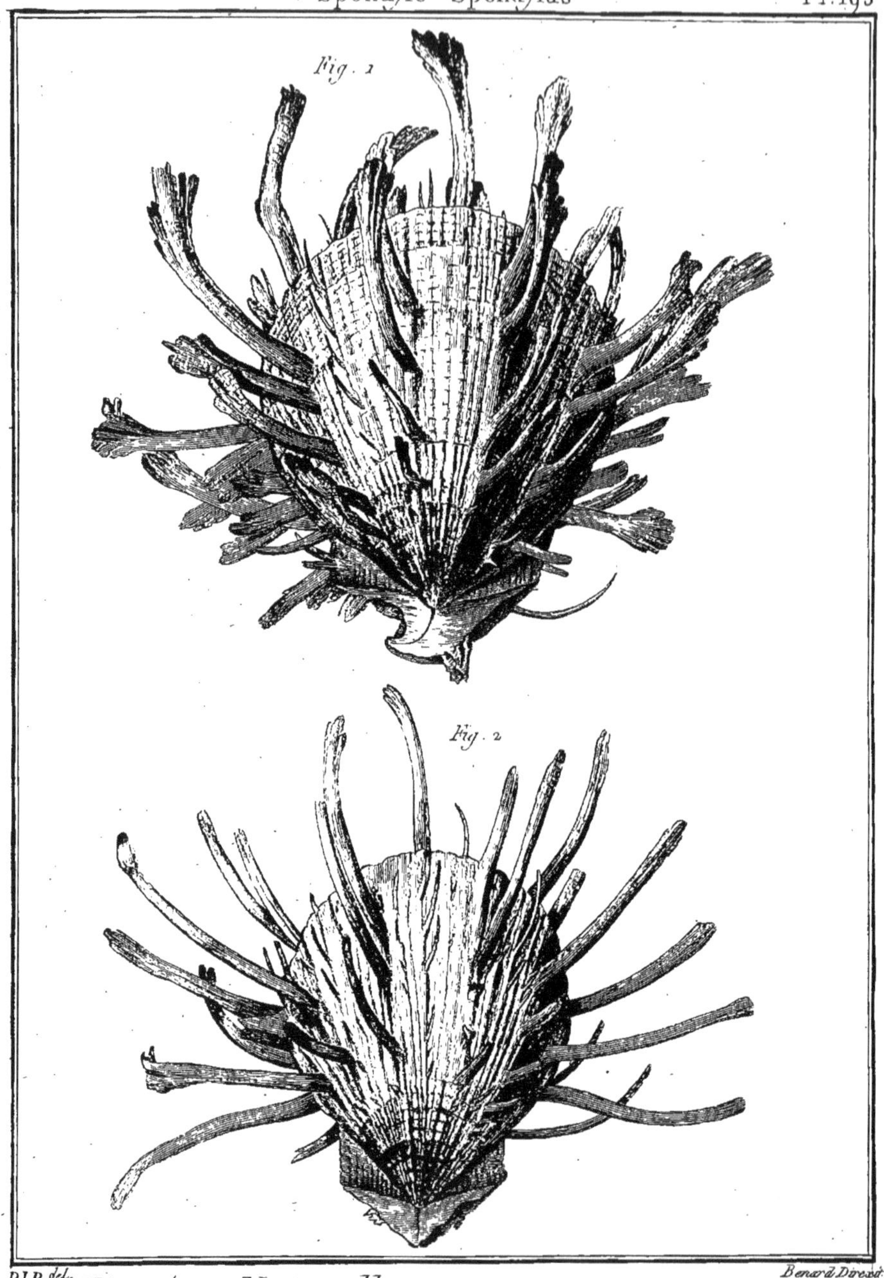

P.J.R. del. Benard Direxit.

Histoire Naturelle, Vers Testacés à Coquille Bivalve Irrégulière

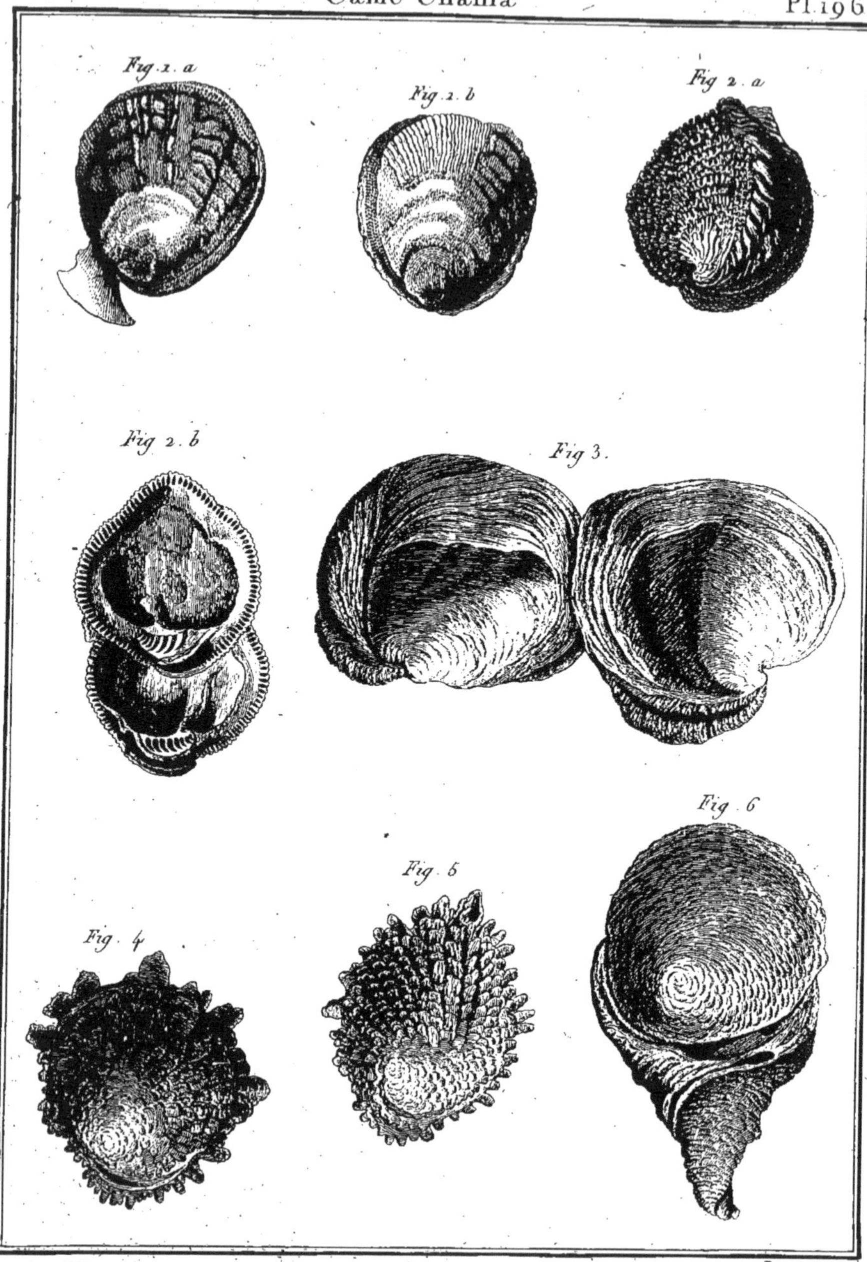

Benard Direxit

Histoire Naturelle, Vers Testacés à Coquille Bivalve irréguliere

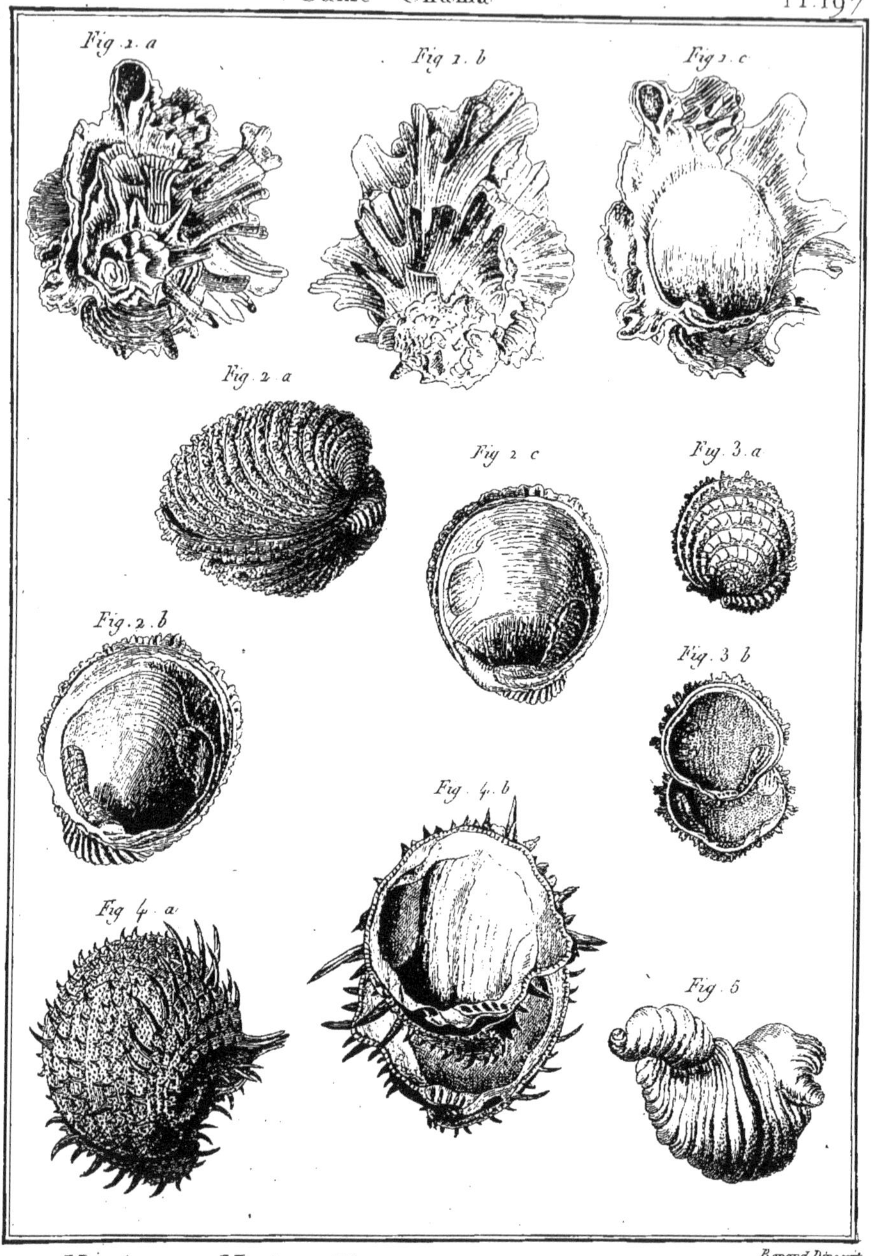

Benard Direxit

Histoire Naturelle, Vers Testacés à Coquille Bivalve irrégulière

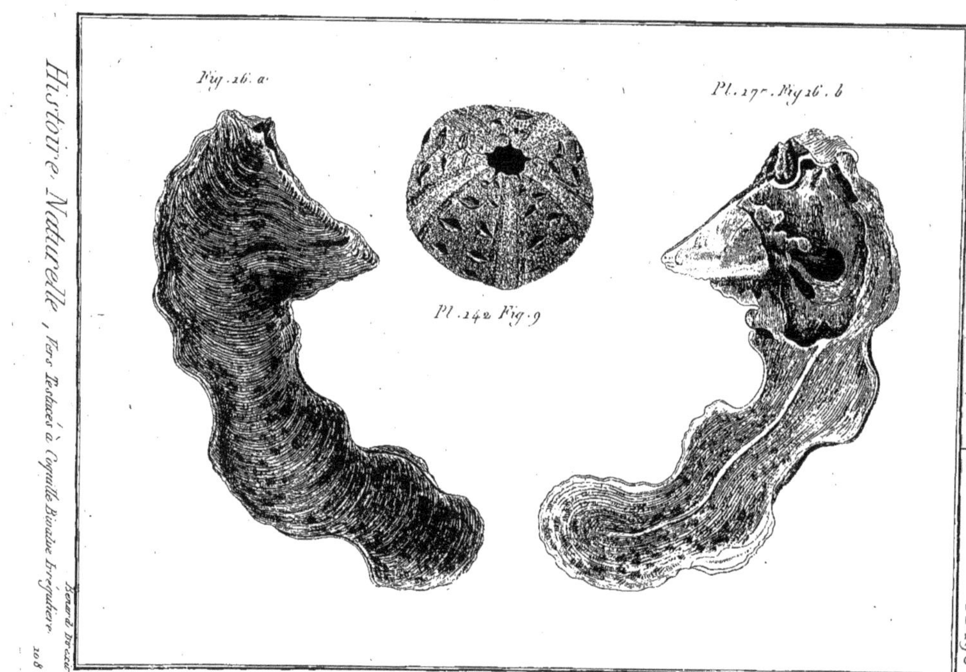
Histoire Naturelle, Vers Testacés à Coquille Bivalve Irrégulière.
Fig. 26. a.
Pl. 142 Fig. 9
Pl. 177. Fig. 26. b
Suplement des Pl. 177. et 142.
Pl. 198
Benard Direxit
208

Pinne Pinna

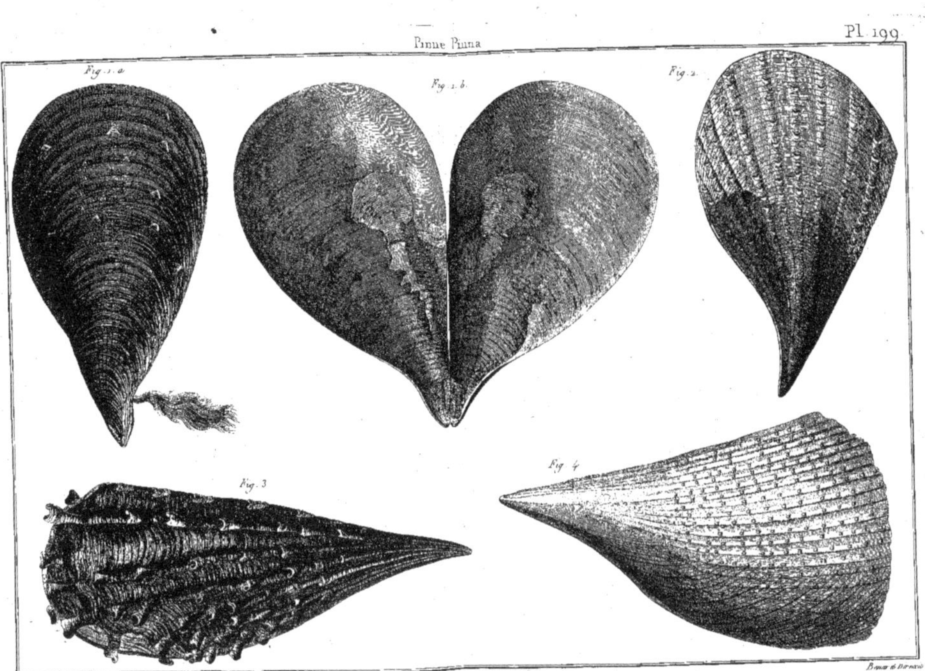

Histoire Naturelle, Vers Testacés à Coquille Bivalve régulière.

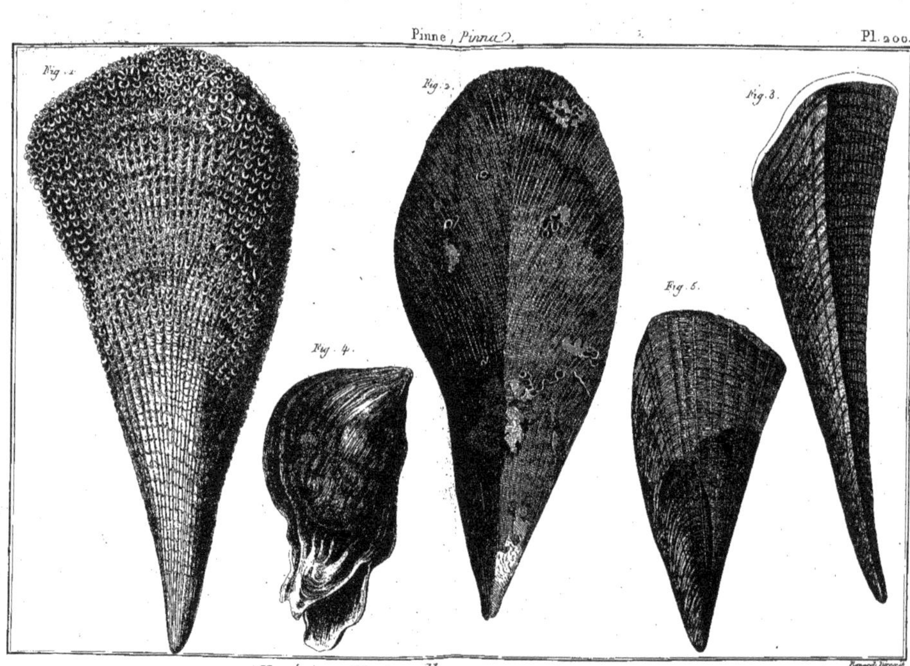

Histoire Naturelle, Vers Testacés à Coquilles Bivalves régulières.

Benard Direxit

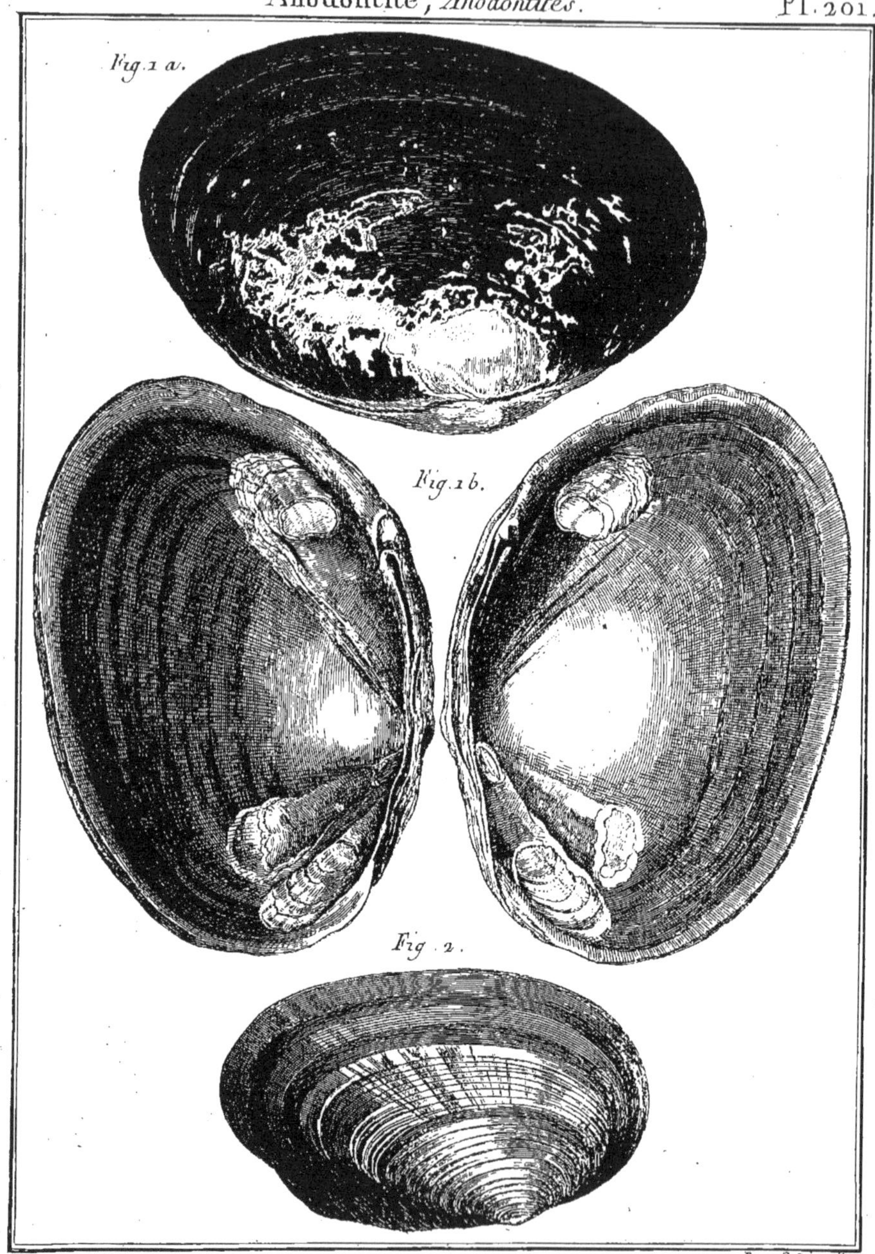

Benard Direxit.

Histoire Naturelle, Vers Testacés à Coquille Bivalve régulière.

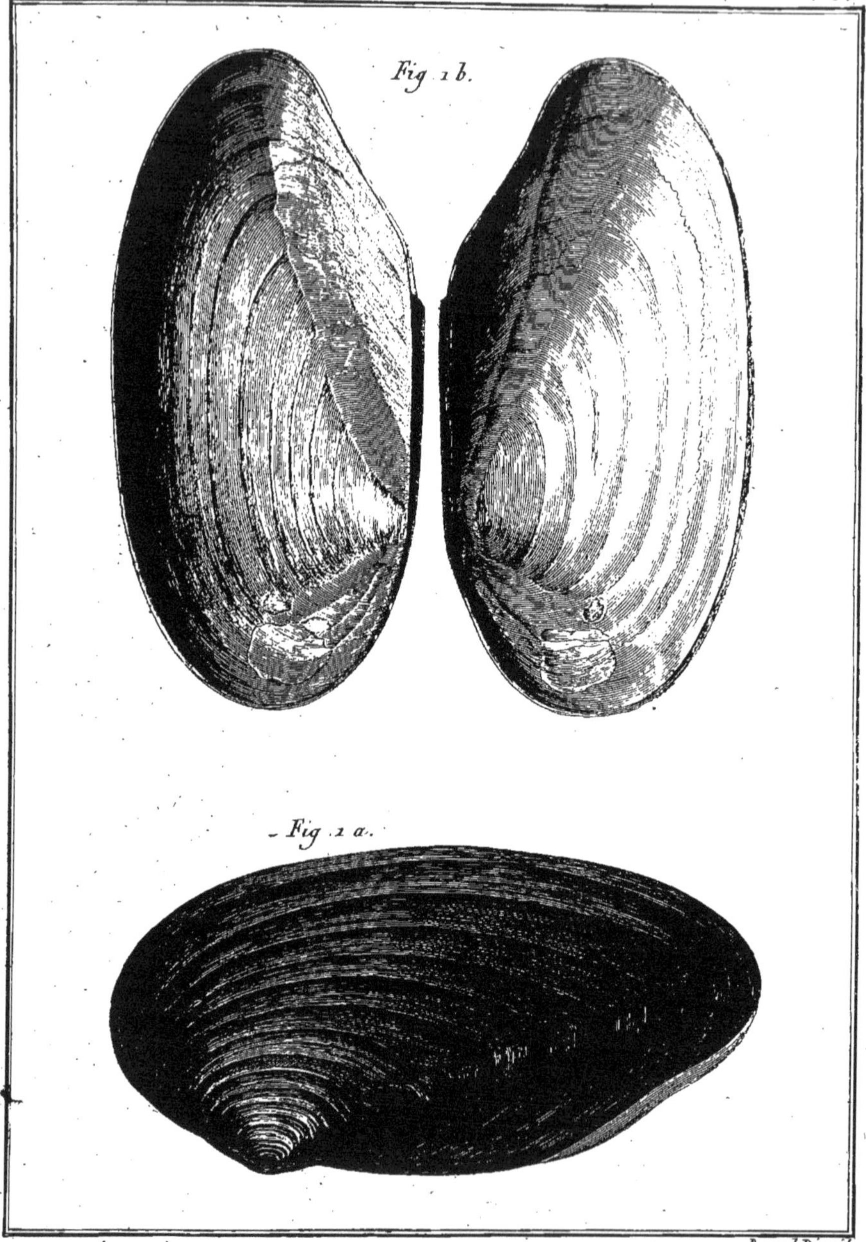

Histoire Naturelle, *Vers Testacés à Coquille Bivalve régulière.* III.

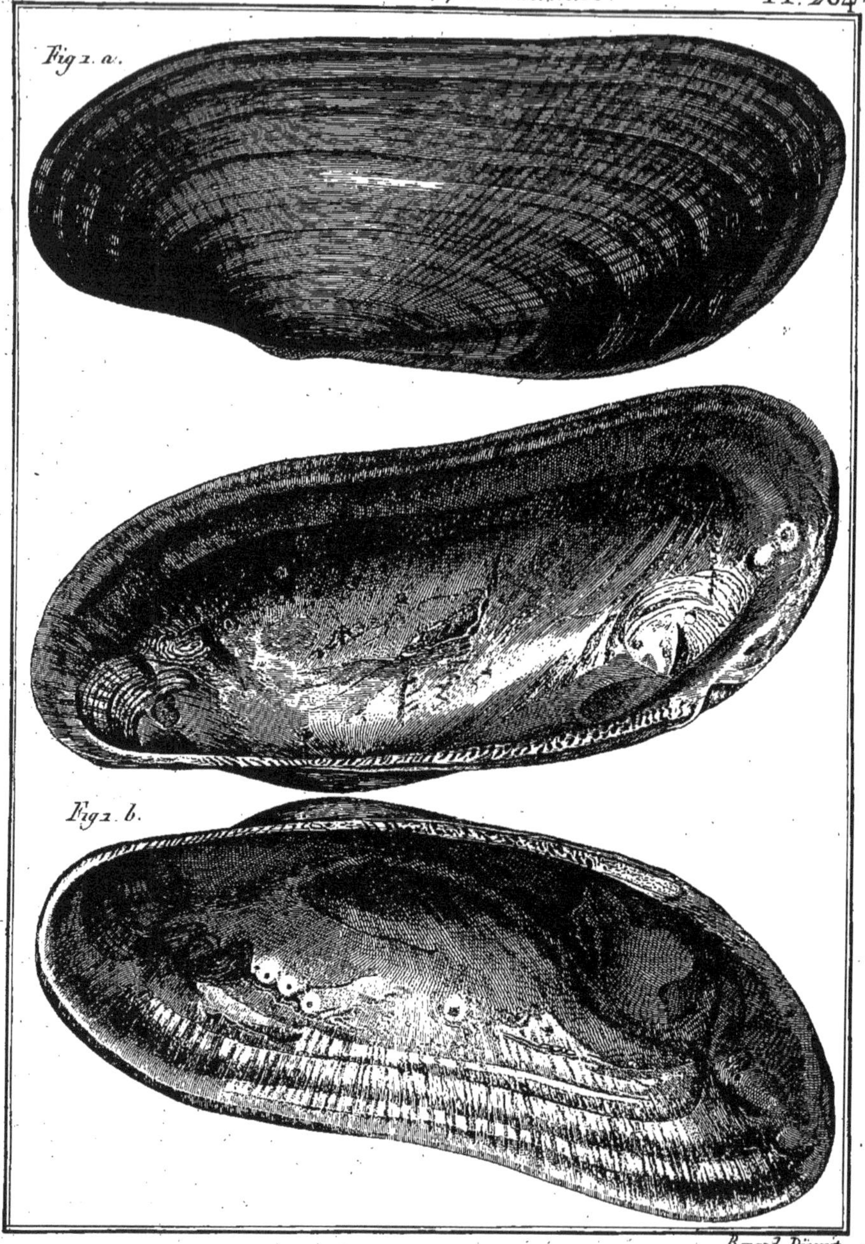

Benard Direxit

Histoire Naturelle, Vers Testacés à Coquilles Bivalve régulière.

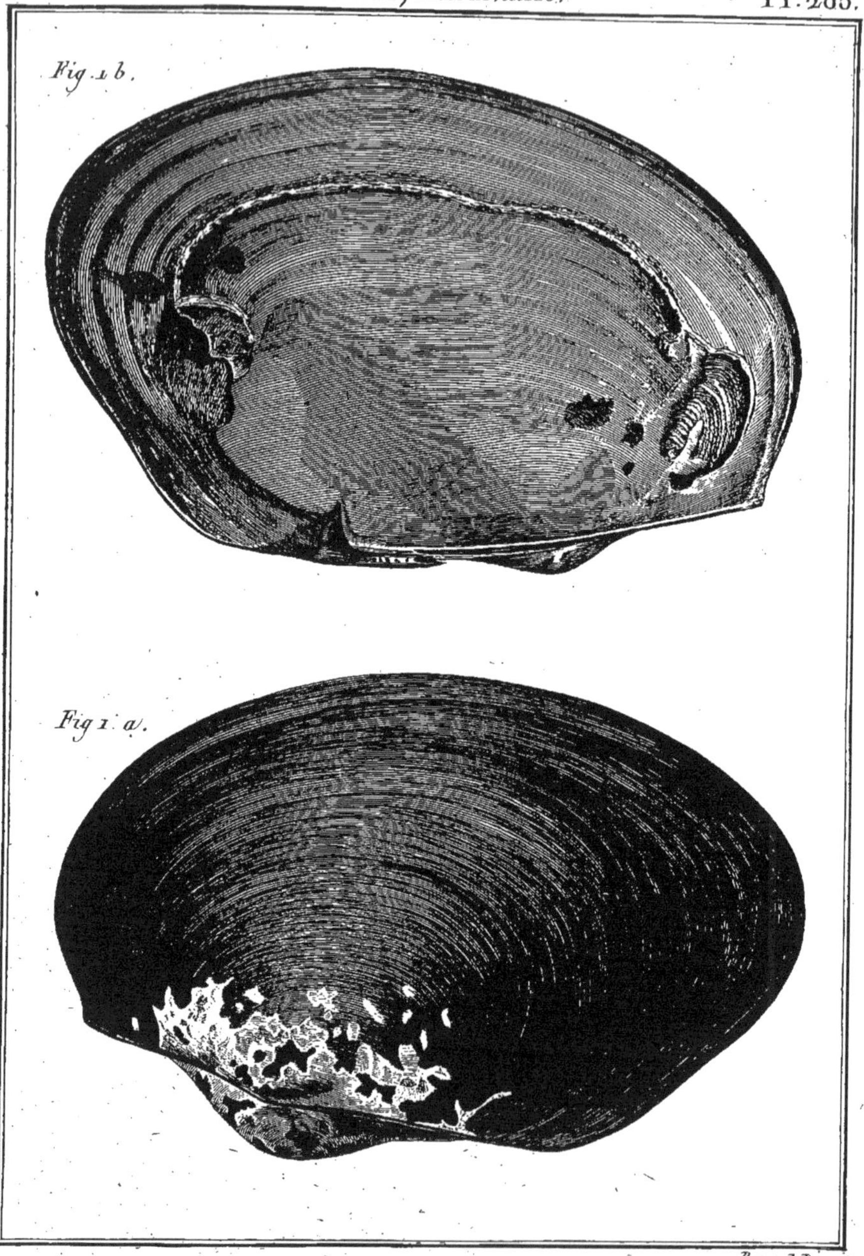

Benard Direxit

Histoire Naturelle, *Vers Testacés à Coquilles Bivalve régulière*

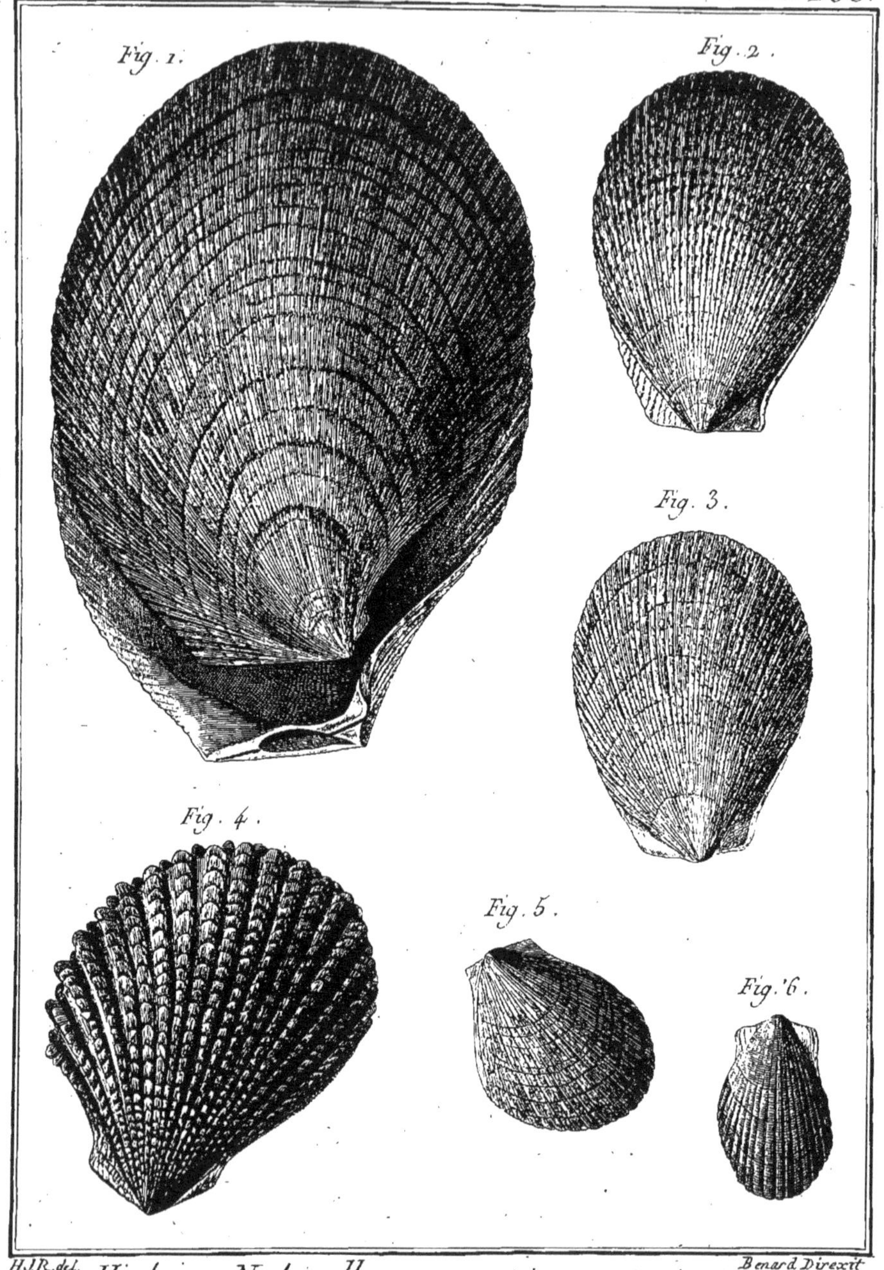

H.J.R. del. Benard Direxit

Histoire Naturelle, Vers Testacés à Coquille Bivalve régulière.

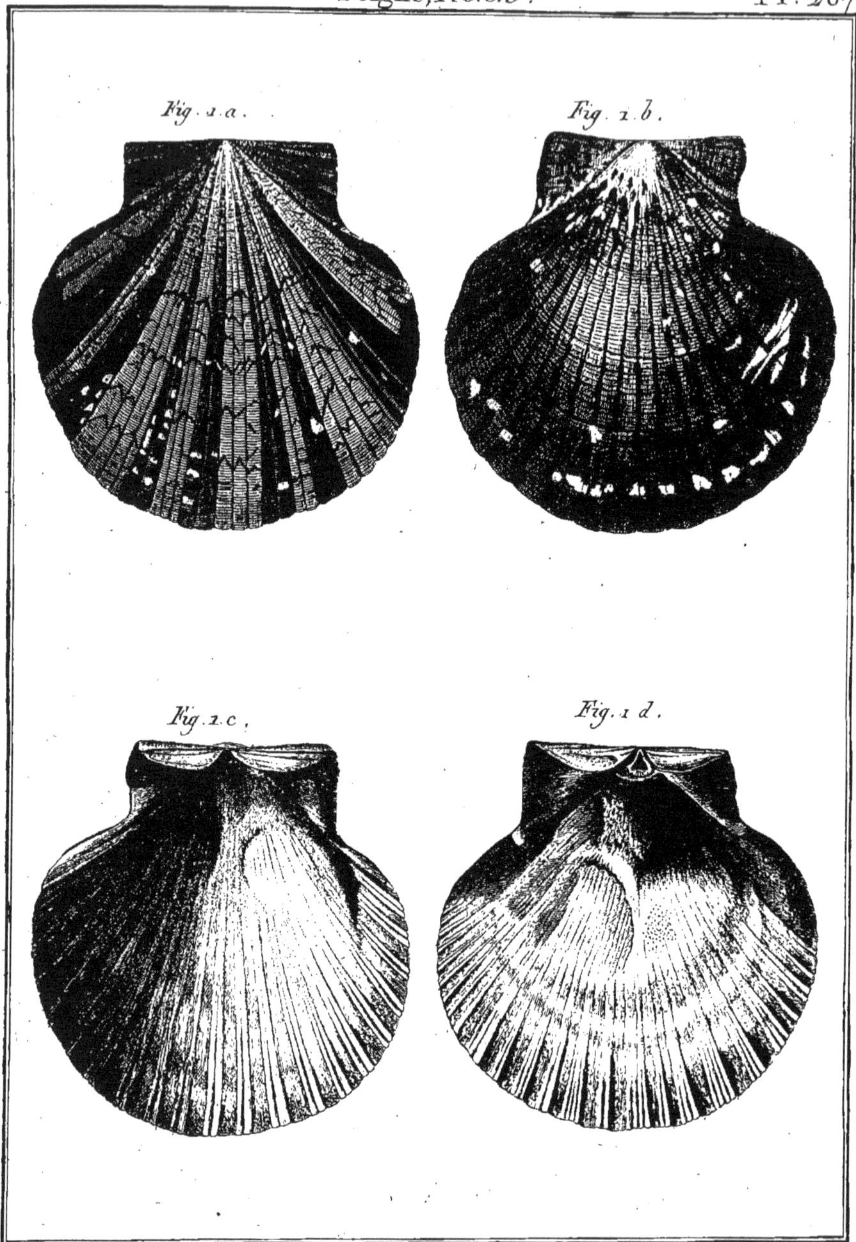

H. Jo Redouté Del. Benard Direxit.

Histoire Naturelle, *Vers Testacés à Coquille Bivalve régulière*.

Peigne, Pecten. Pl. 208.

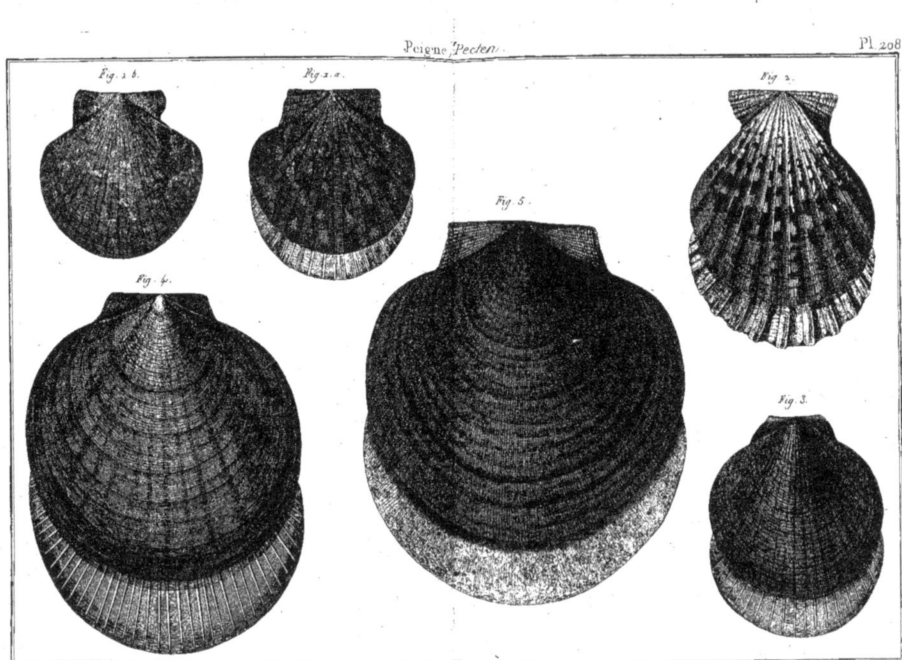

H. J. Redouté Del. Benard Direxit

Histoire Naturelle, (Vers Testacés à Coquille Bivalve régulière.)

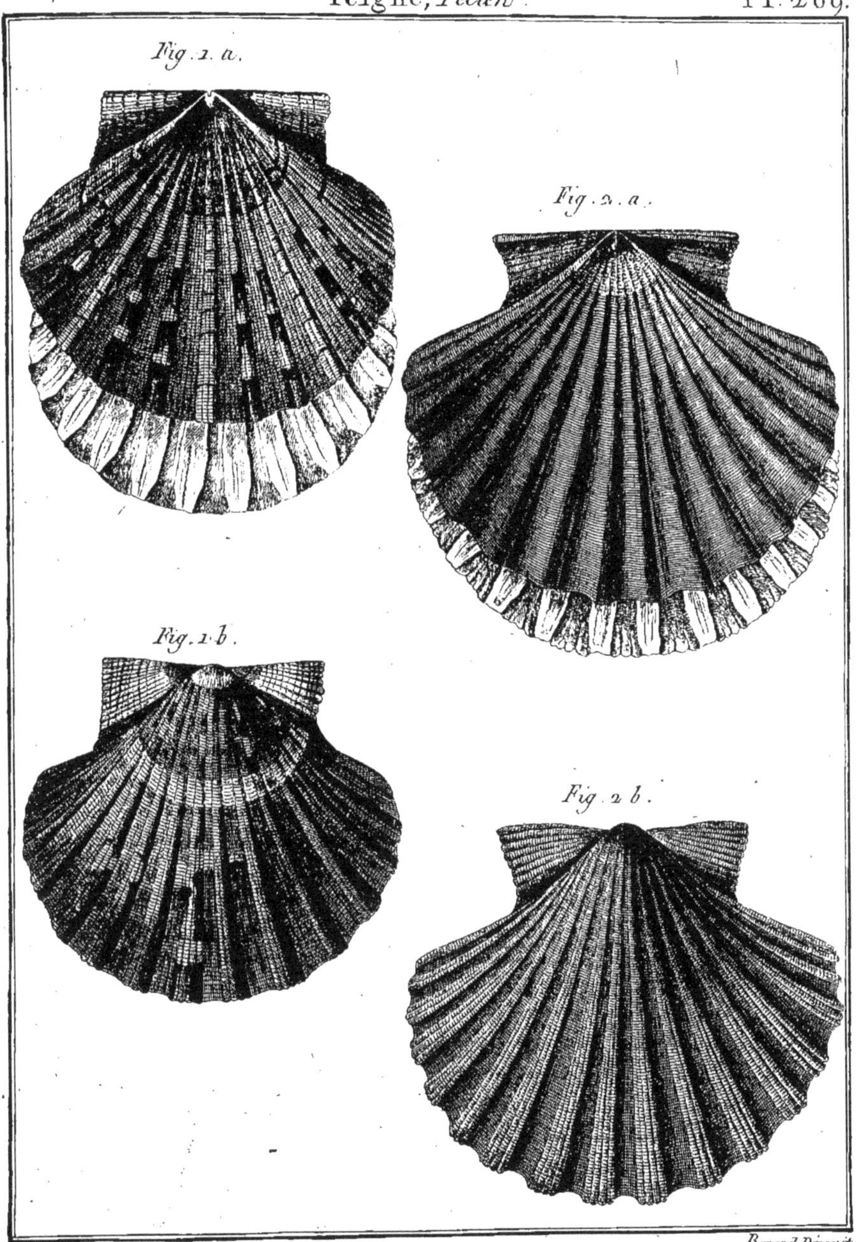

H. Jo Redouté Del. Benard Direxit

Histoire Naturelle, Vers Testacés à Coquille Bivalve régulière.

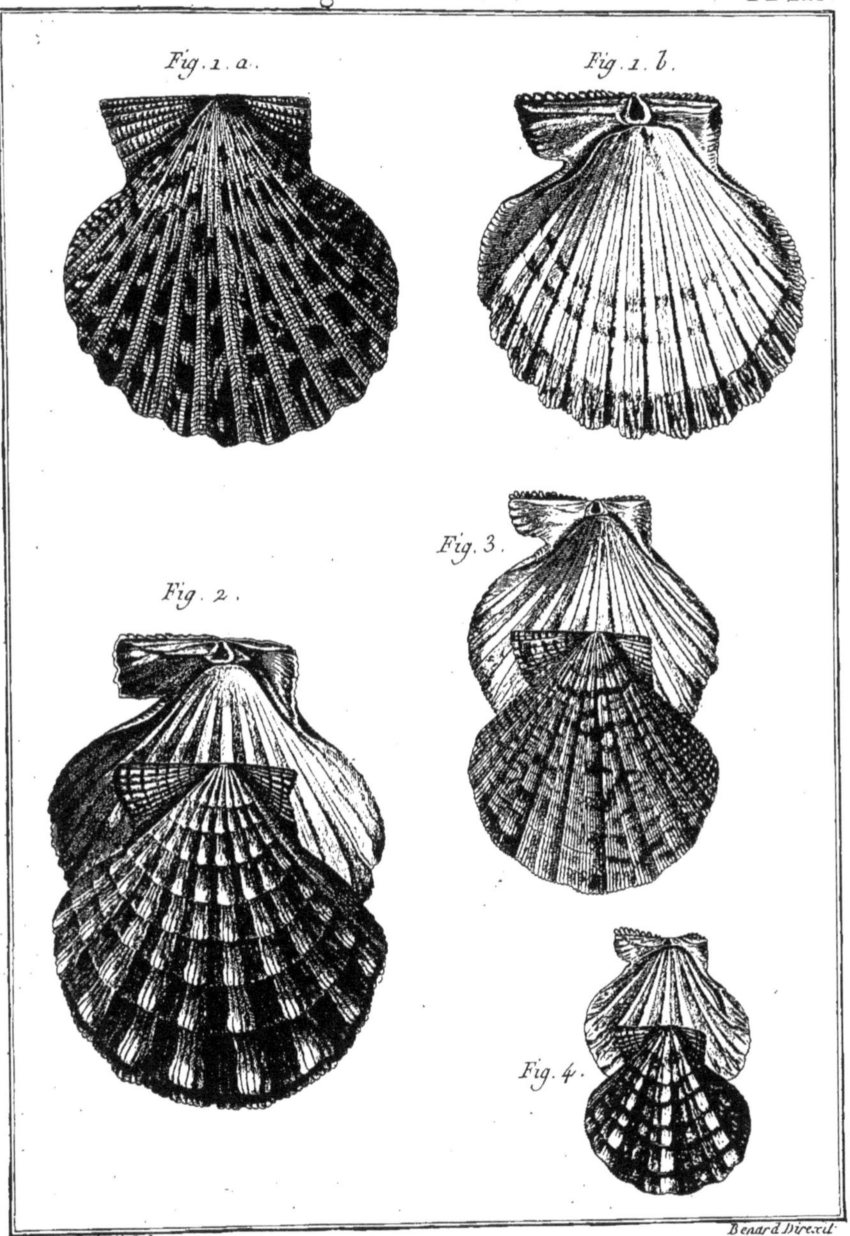

H. Jos. Redouté Del. Benard Direxit.

Histoire Naturelle, Vers Testacés à Coquille Bivalve régulière.

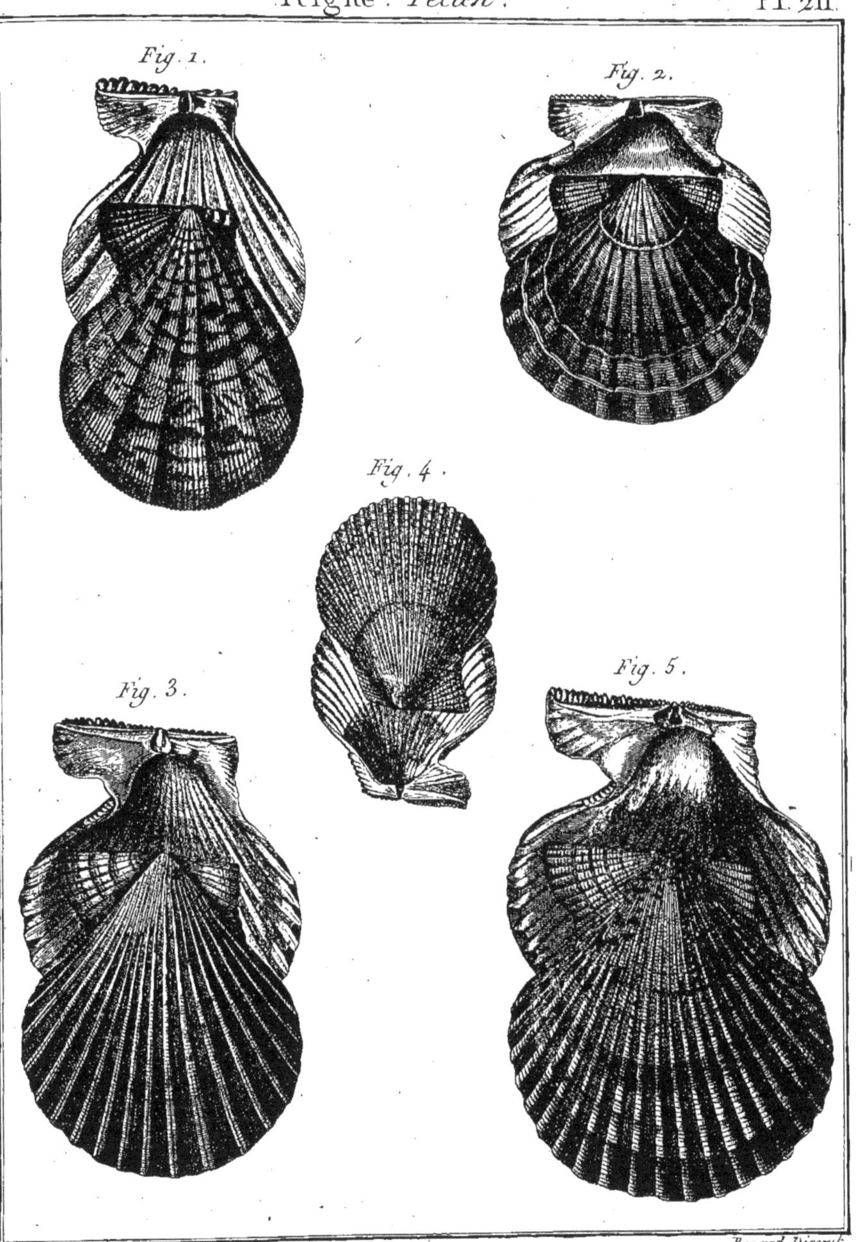

H. Jos. Redouté Del. Benard Direxit.

Histoire Naturelle, Vers Testacés à Coquille Bivalve régulière.

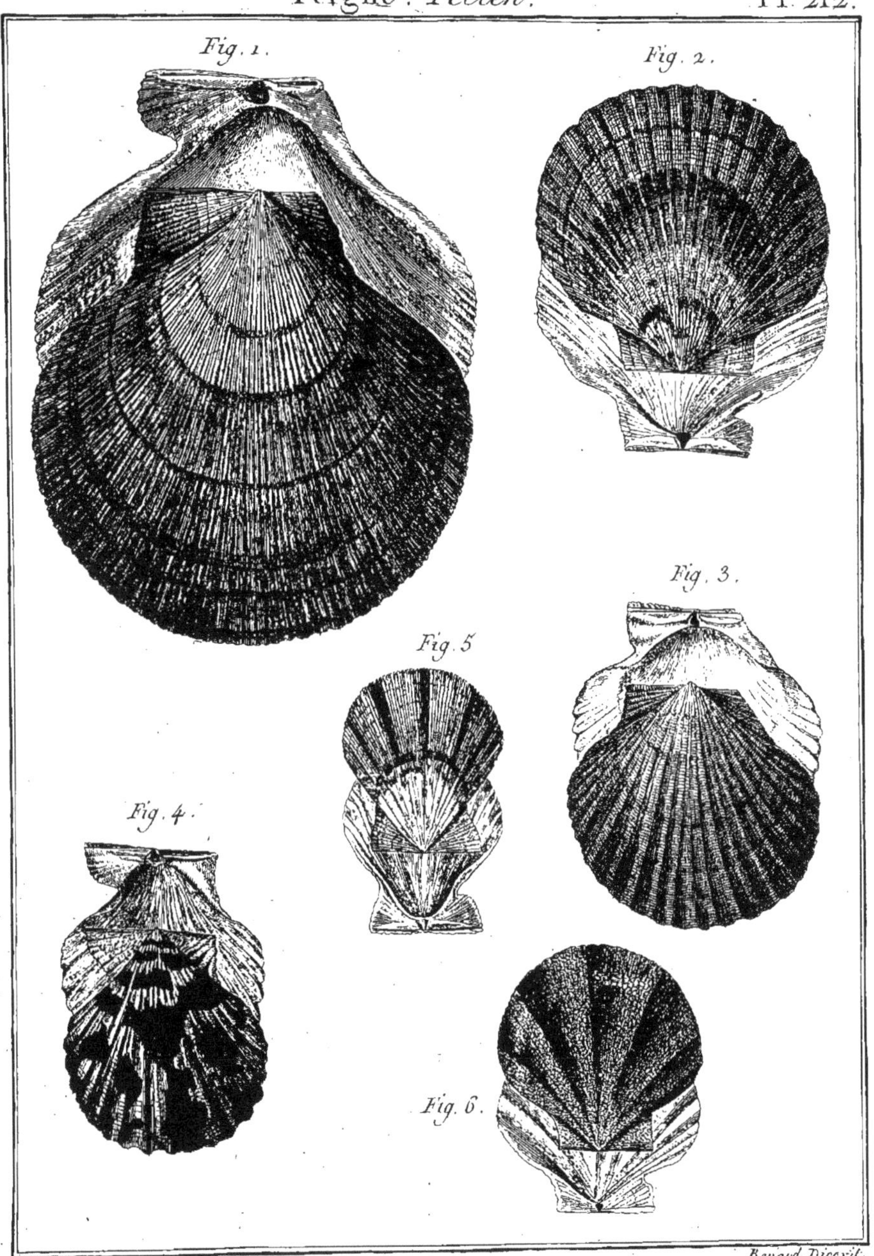

H. J. Redouté Del. Benard Direxit.

Histoire Naturelle, Vers Testacés à Coquille Bivalve régulière.

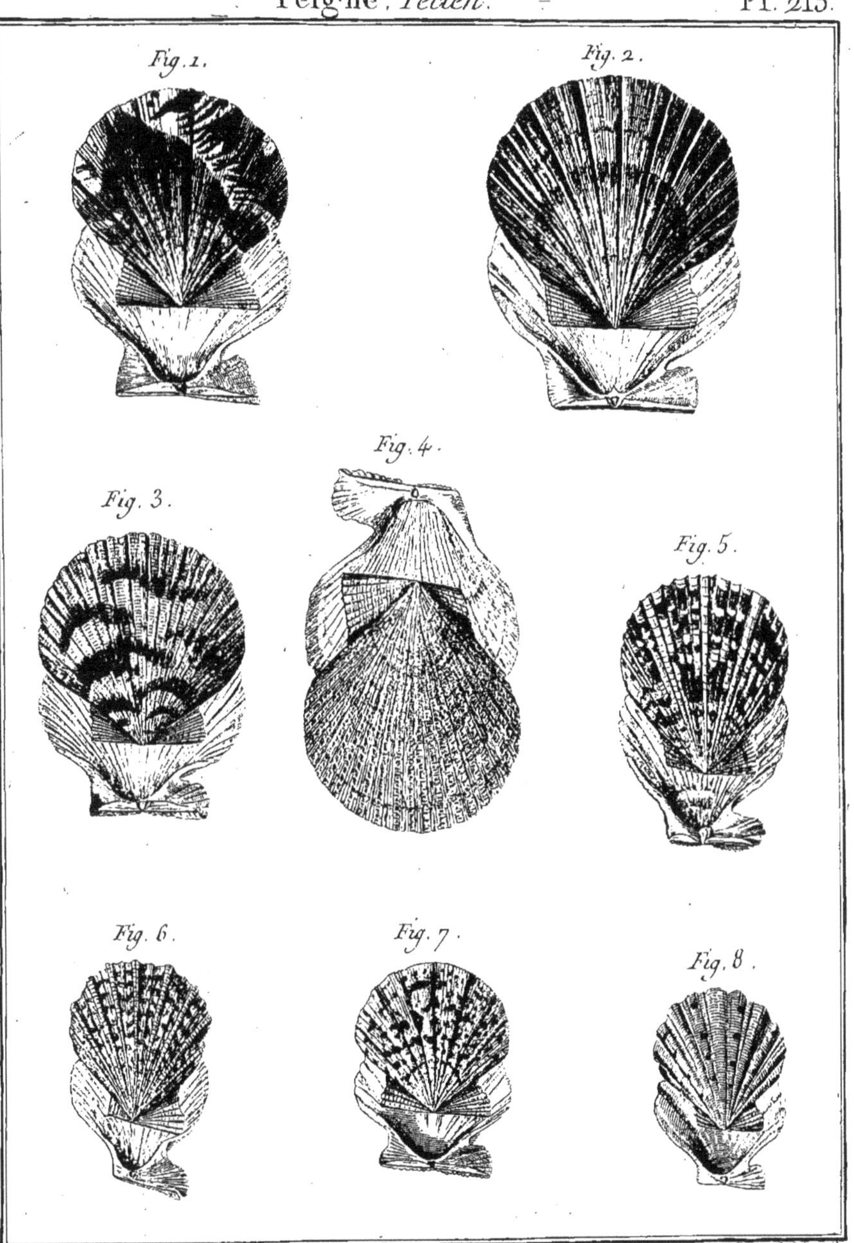

H. J. Redouté Del. Benard Direxit.

Histoire Naturelle, Vers Téstacés à Coquille Bivalve régulière.

Peigne. *Pecten*. Pl. 214.

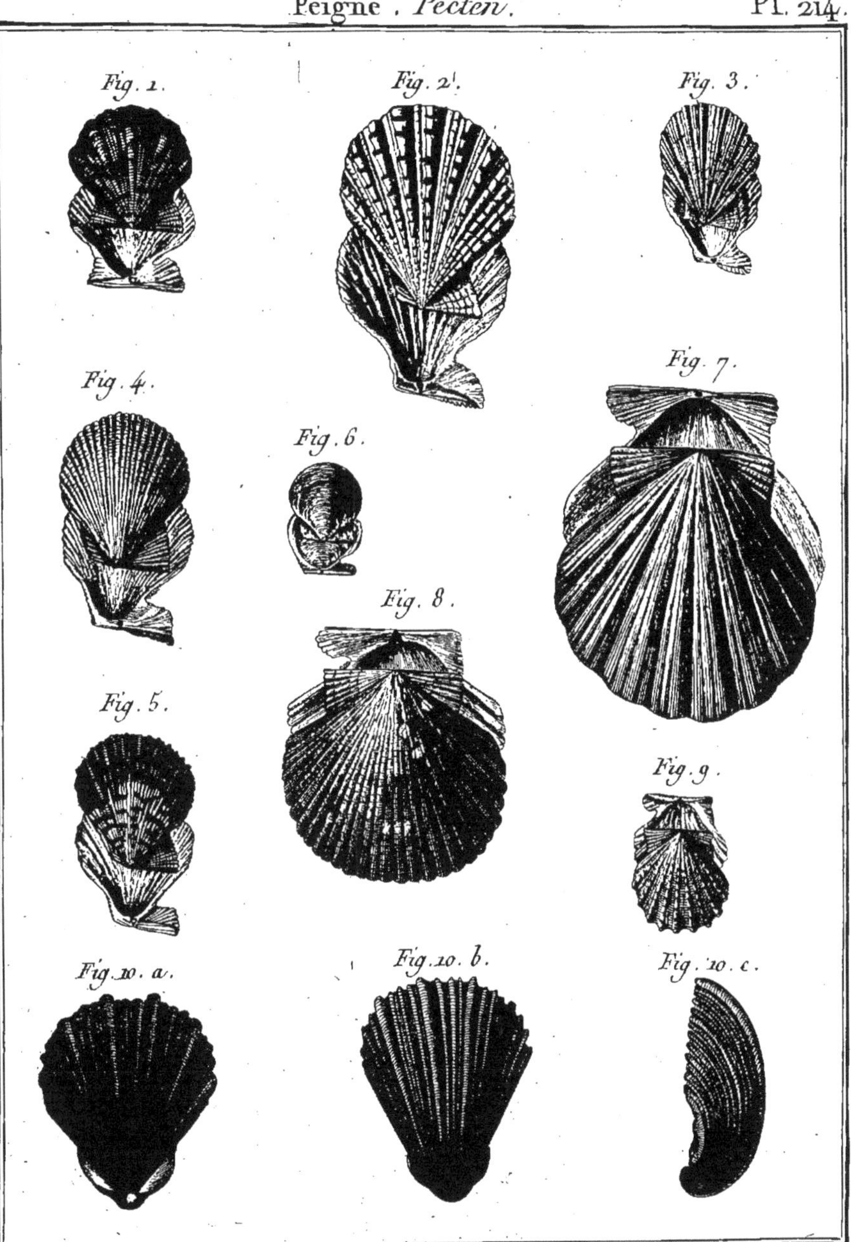

H. J. Redouté Del. Benard Direxit.

Histoire Naturelle, *Vers Testacés à Coquille Bivalve régulière*.

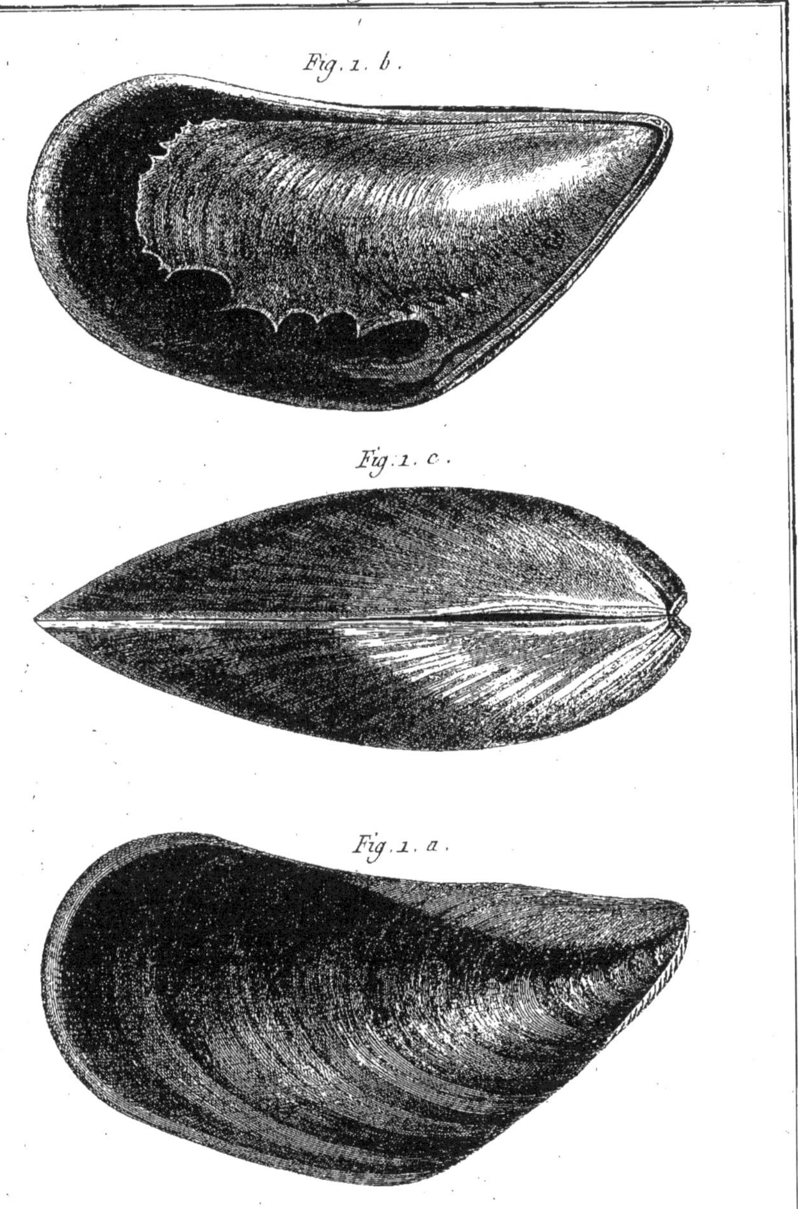

H. Jos. Redouté Del. Benard Direxit.

Histoire Naturelle, Vers Testacés à Coquille Bivalve régulière.

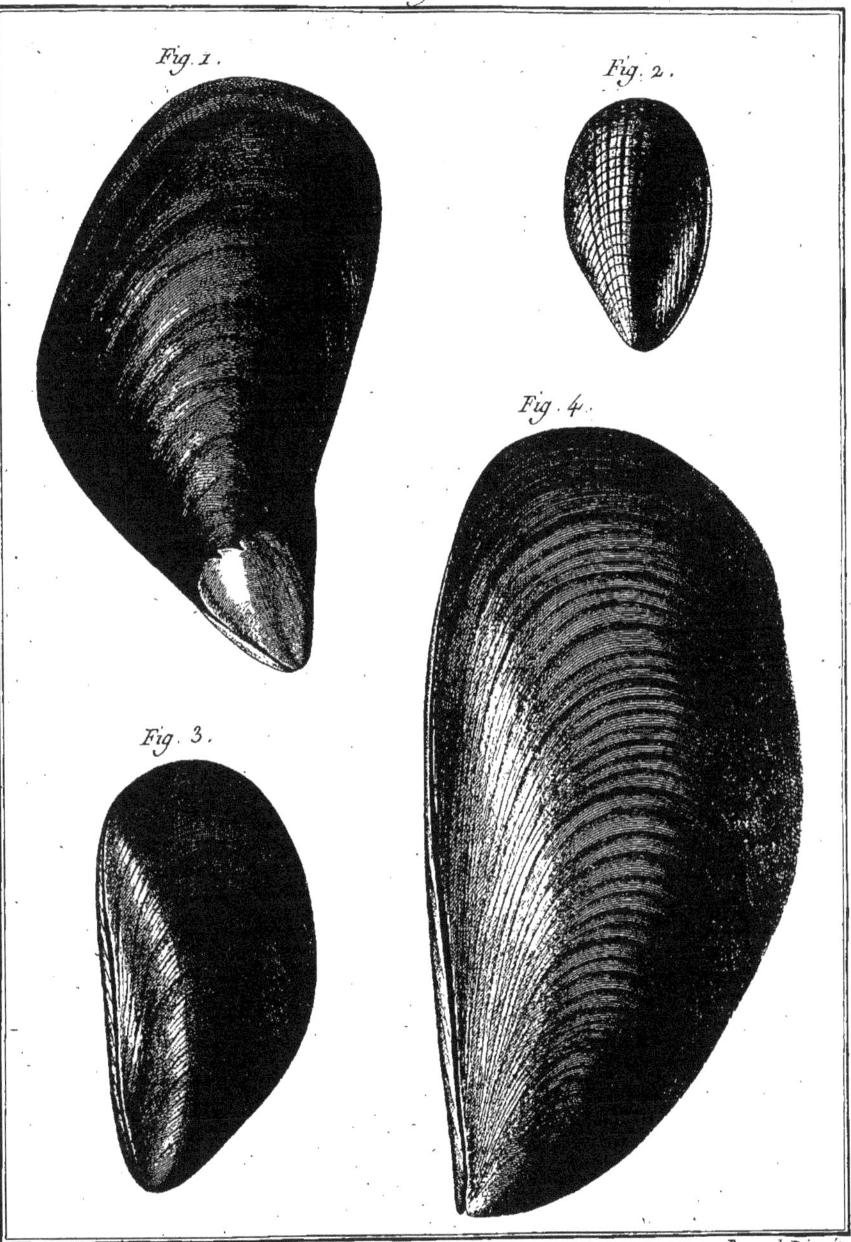

H. Jos. Redouté Del. Benard Direxit.

Histoire Naturelle, Vers Testacés à Coquille Bivalve régulière.

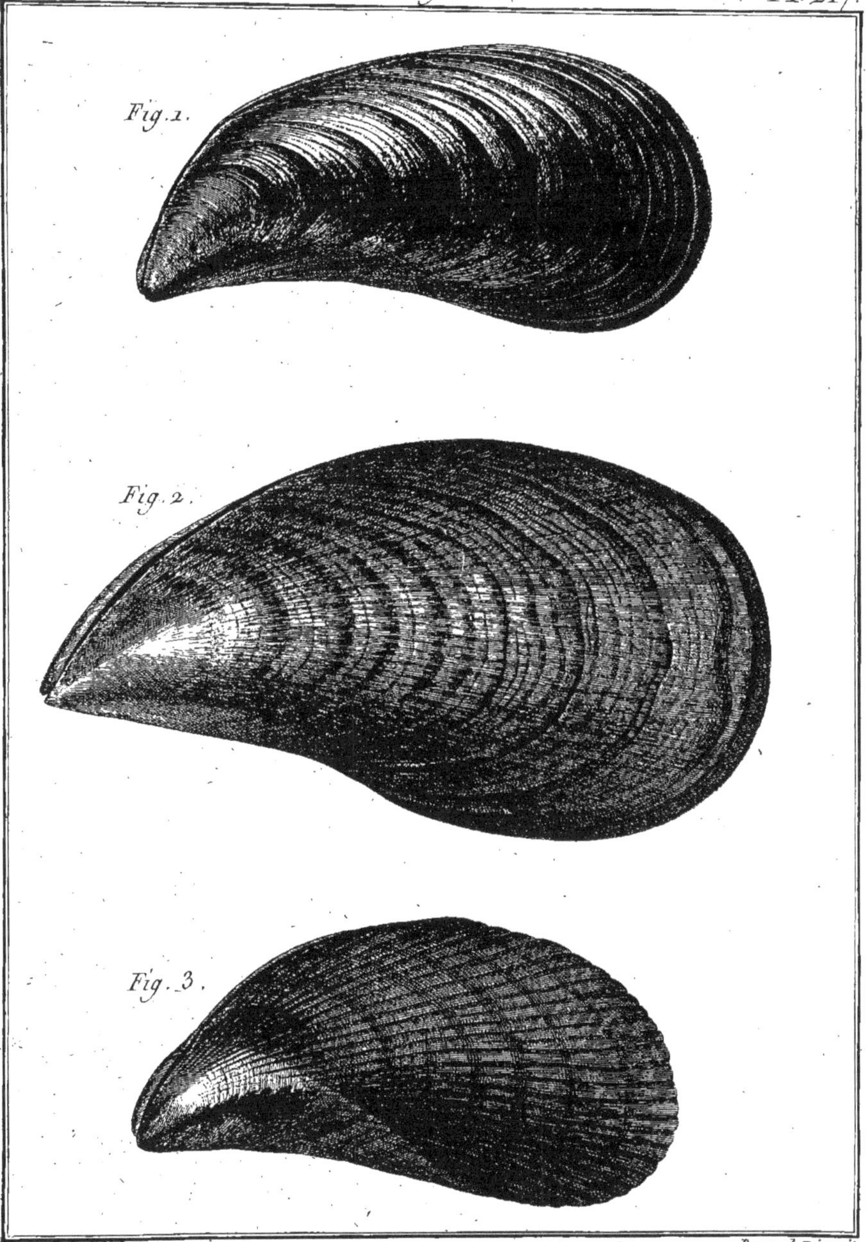

H. Jos. Redouté Del. Benard Direxit.

Histoire Naturelle, Vers Téstacés à Coquille Bivalve régulière.

Moule. *Mytilus*. Pl. 218.

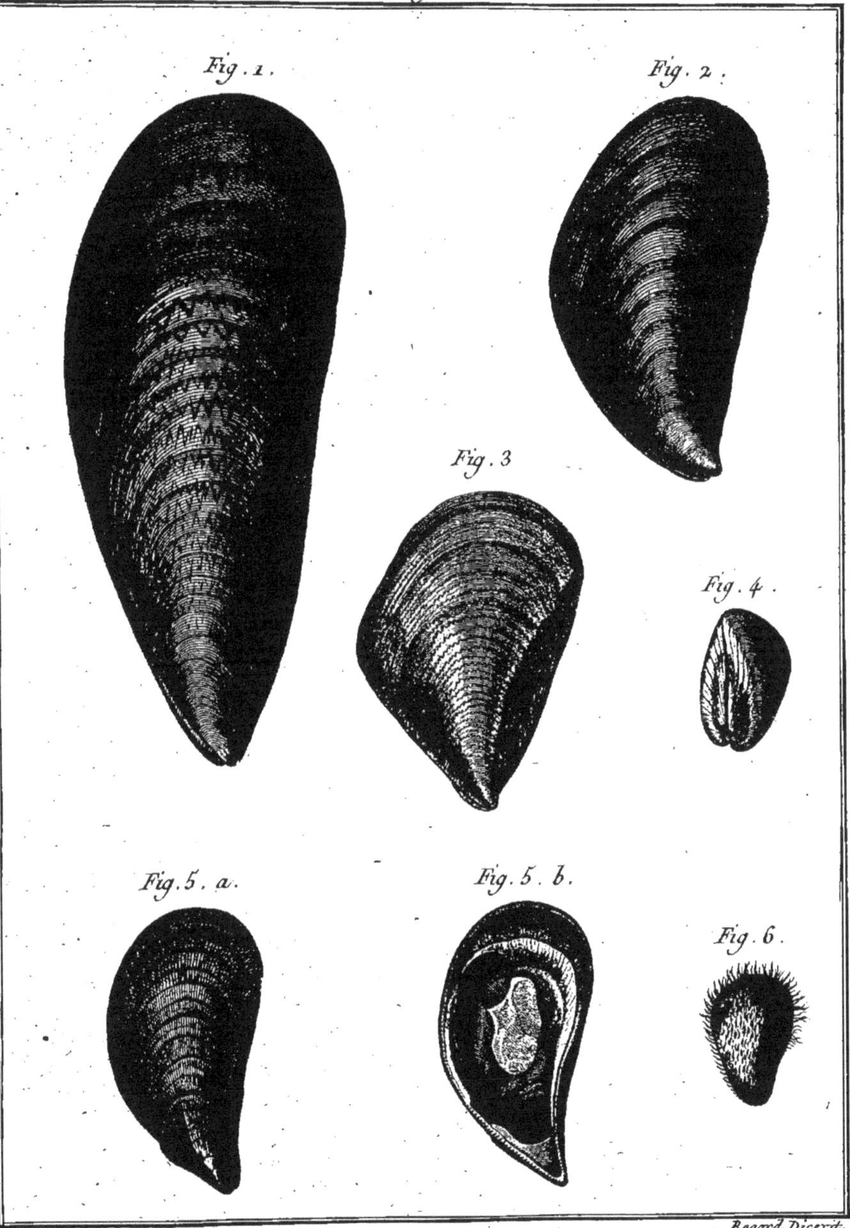

H. Jos. Redouté Del. Benard Direxit.

Histoire Naturelle, *Vers Testacés à Coquille Bivalve régulière*.

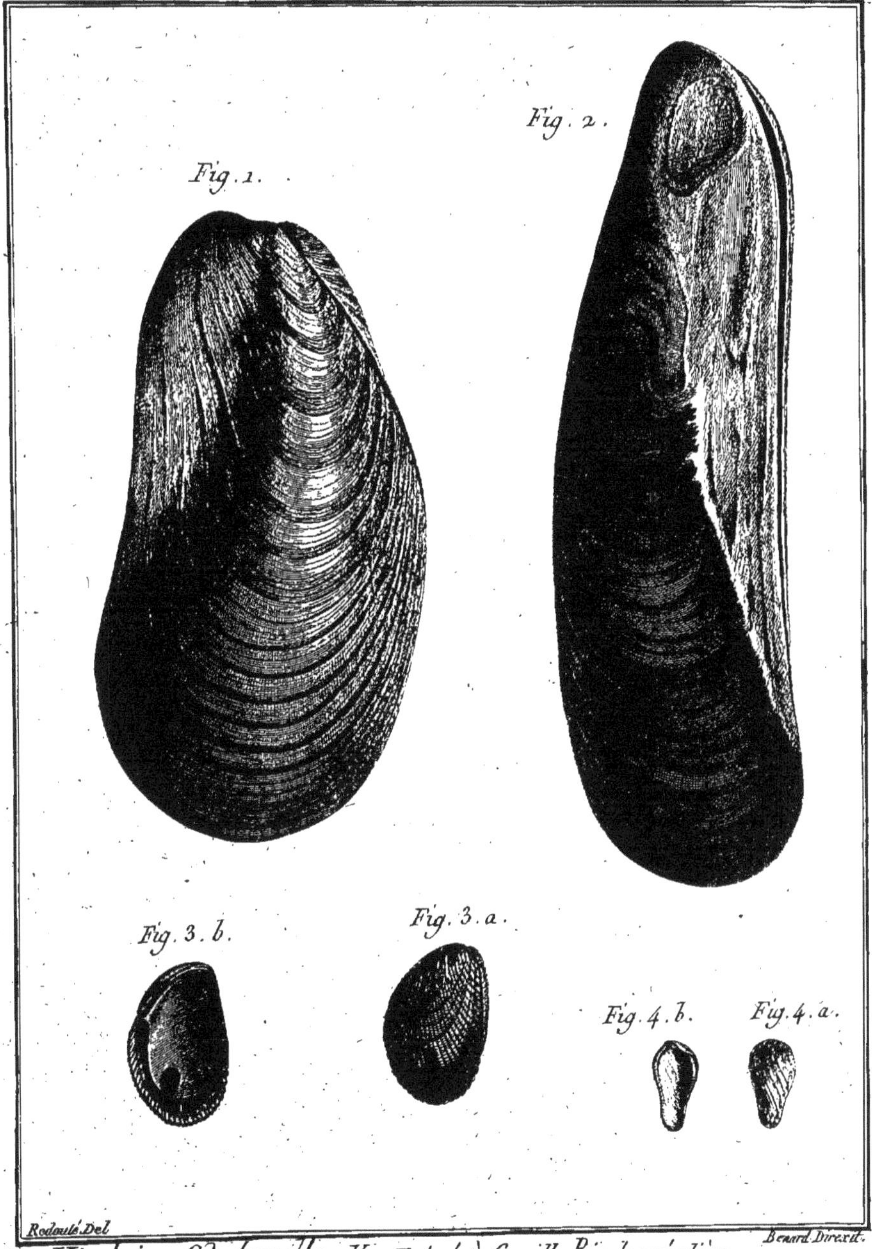

Histoire Naturelle, Vers Testacés à Coquille Bivalve régulière.

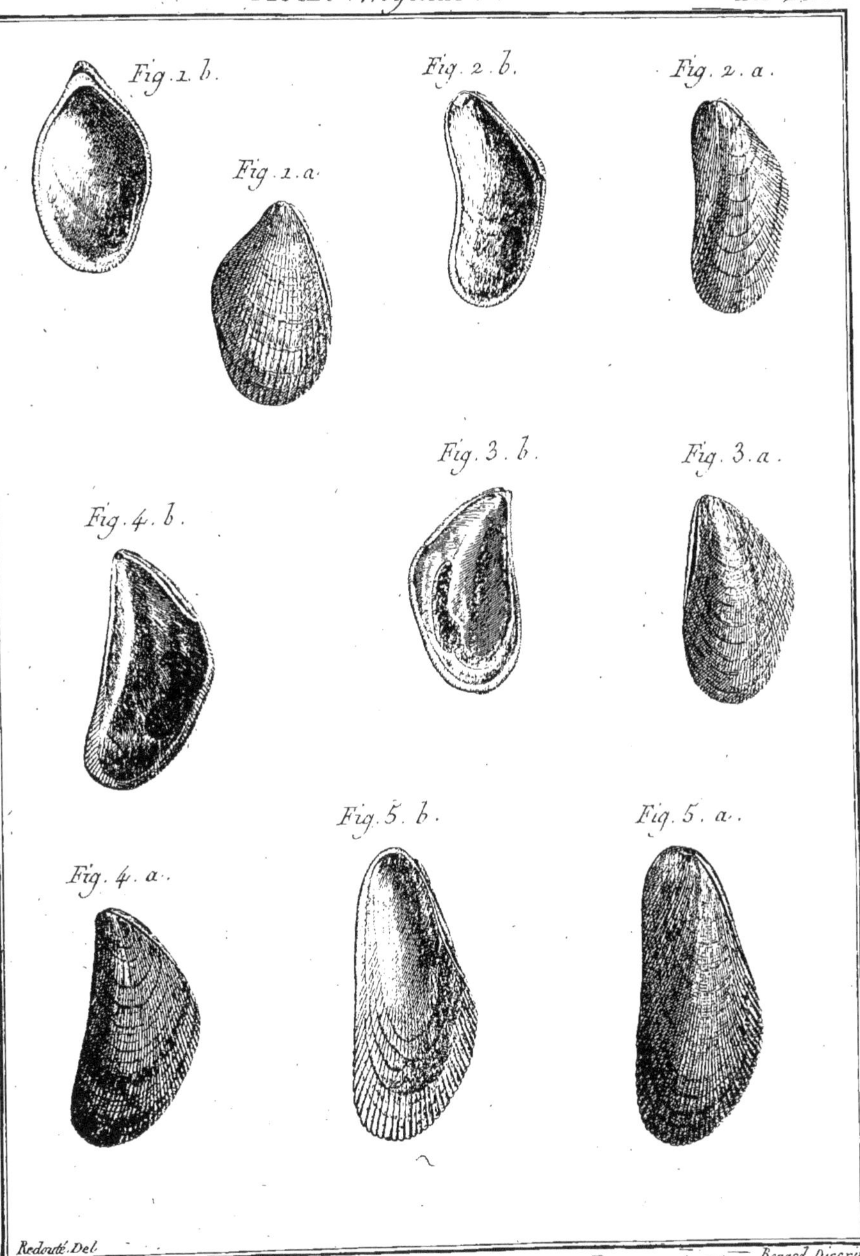

Redouté. Del. Benard Direxit.

Histoire Naturelle, *Vers Testacés à Coquille Bivalve régulière*.

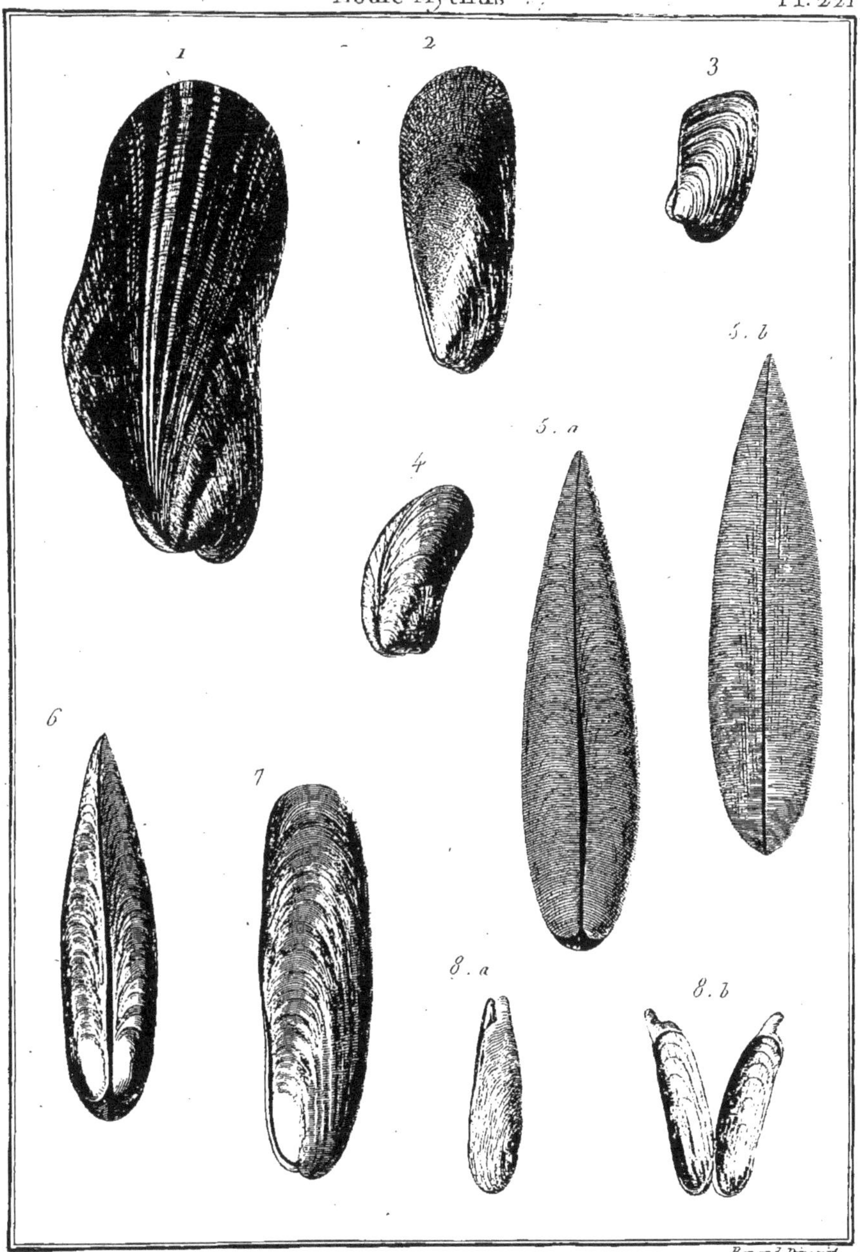

Benard Direxit

Histoire Naturelle, Vers Testacés à Coquille Bivalve Irrégulière

Fig. 1. a.

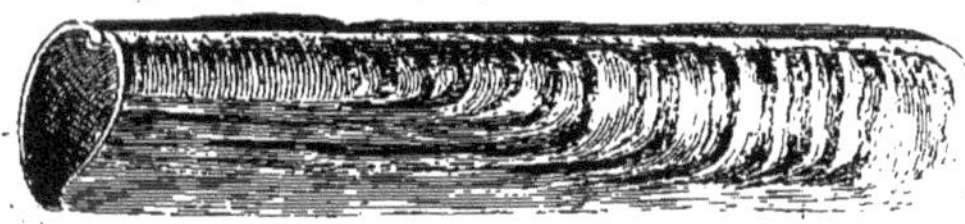

Fig. 1. c.

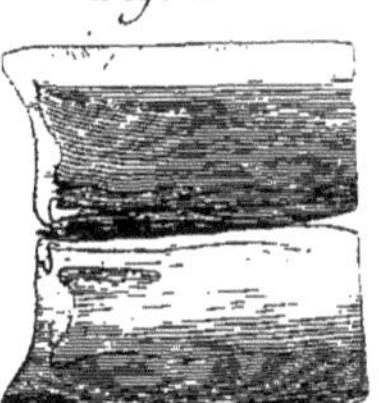

Fig. 1. b.

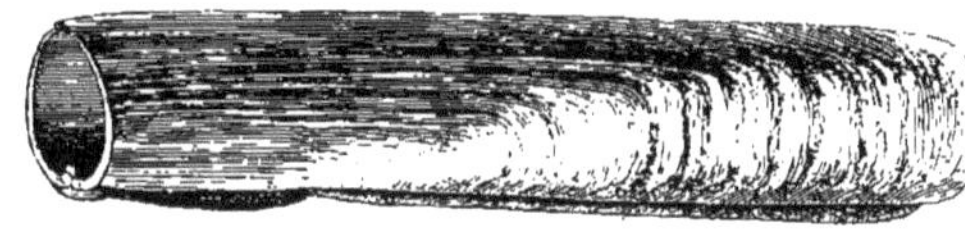

Fig. 2. a

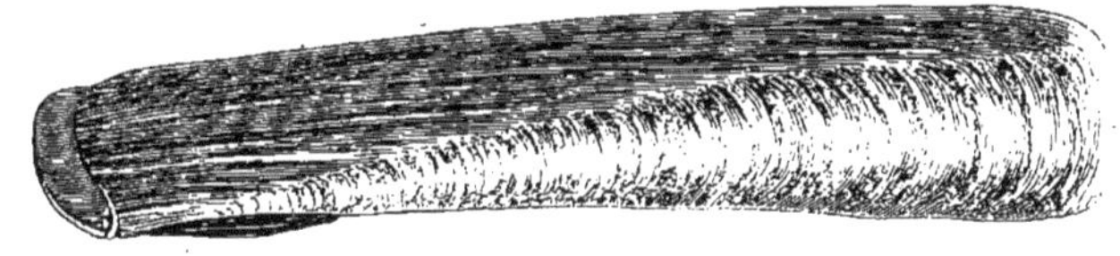

Fig. 2. c.

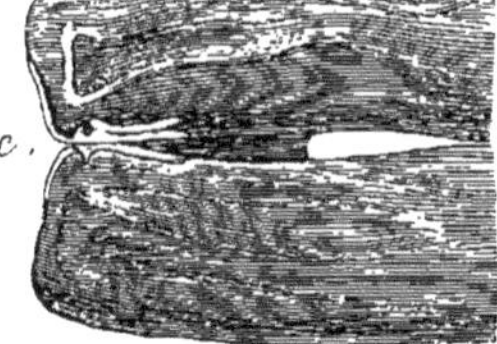

Fig. 2. b.

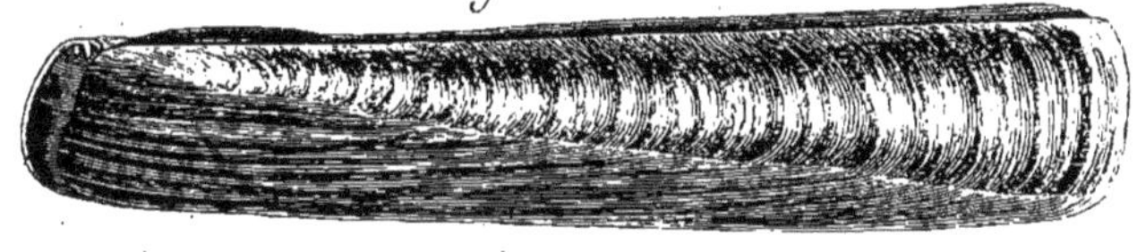

Benard Direxit.

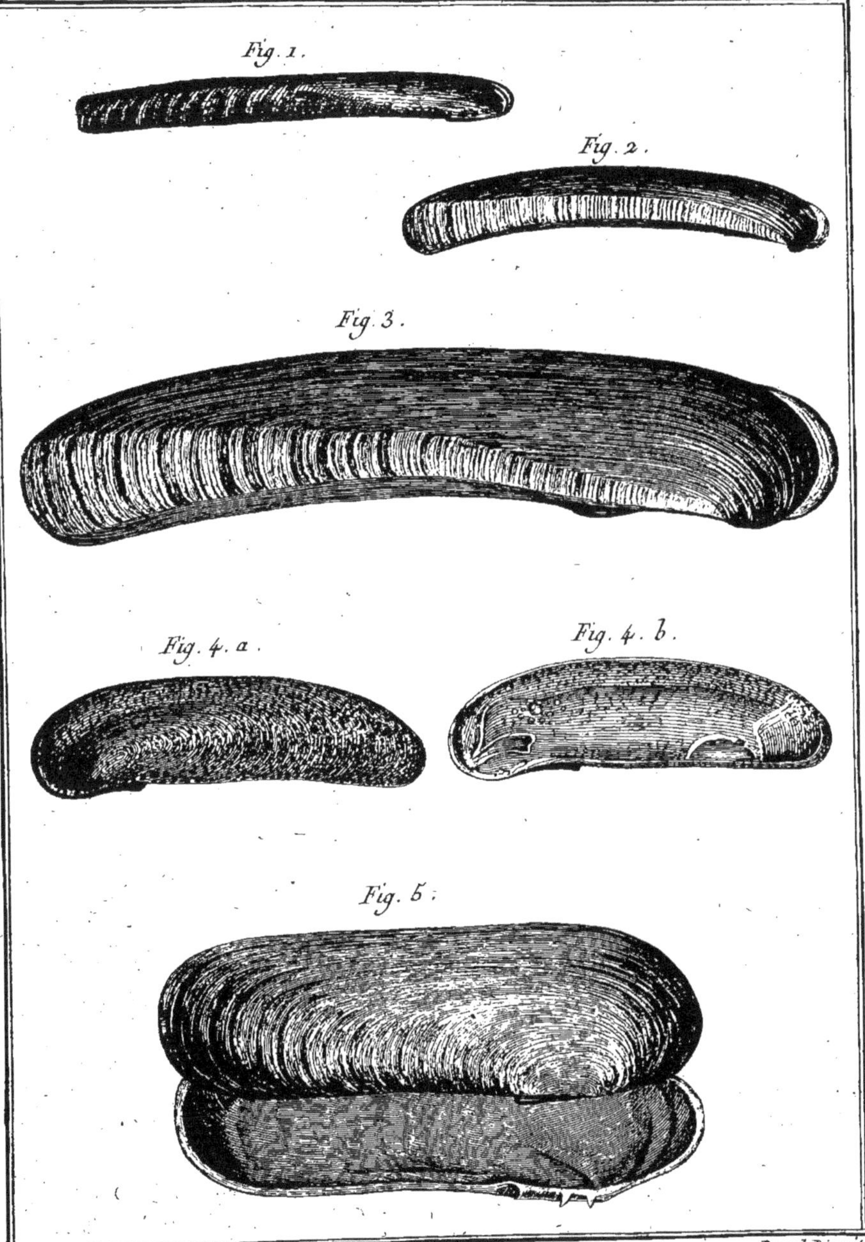

Benard Direxit.

Histoire Naturelle, Vers Testacés à Coquille Bivalve régulière.

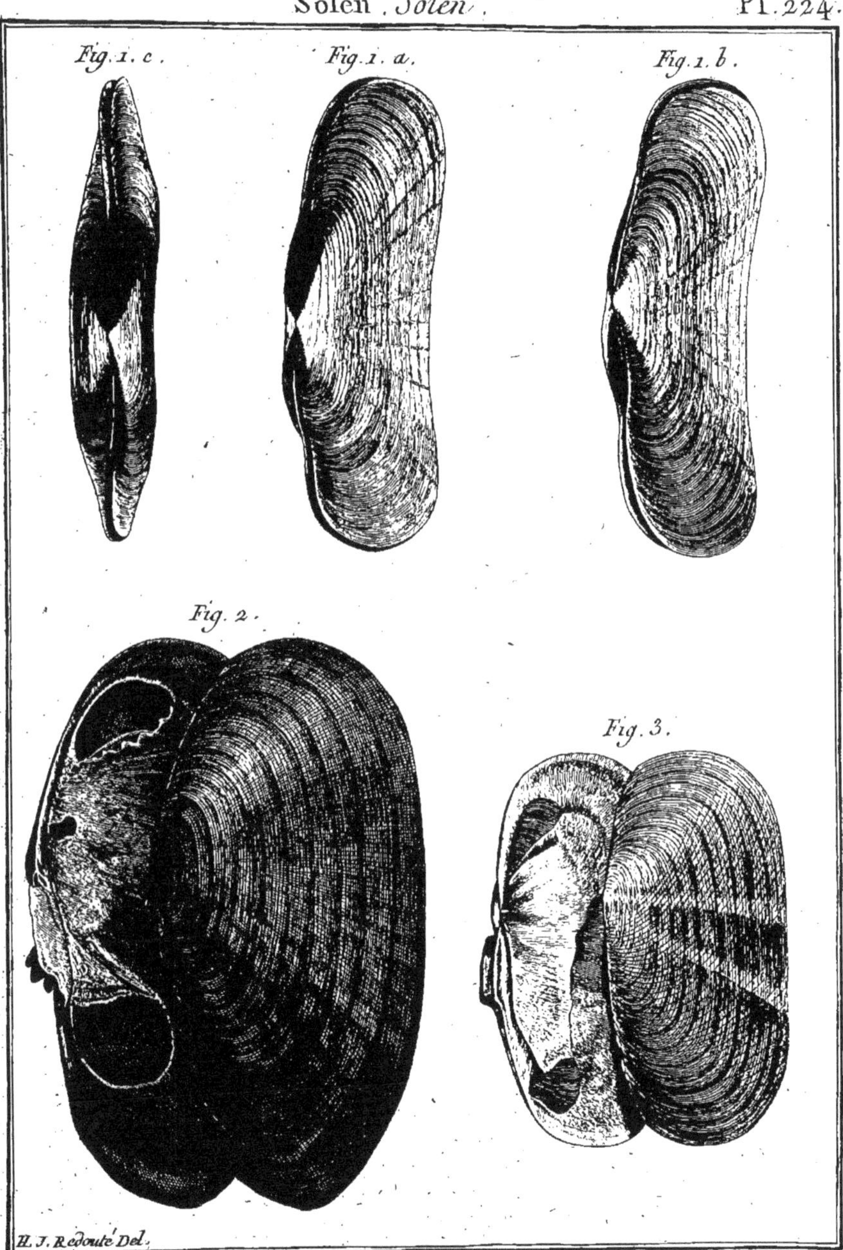

Benard Direxit.

Histoire Naturelle, Vers Testacés à Coquille Bivalve régulière.

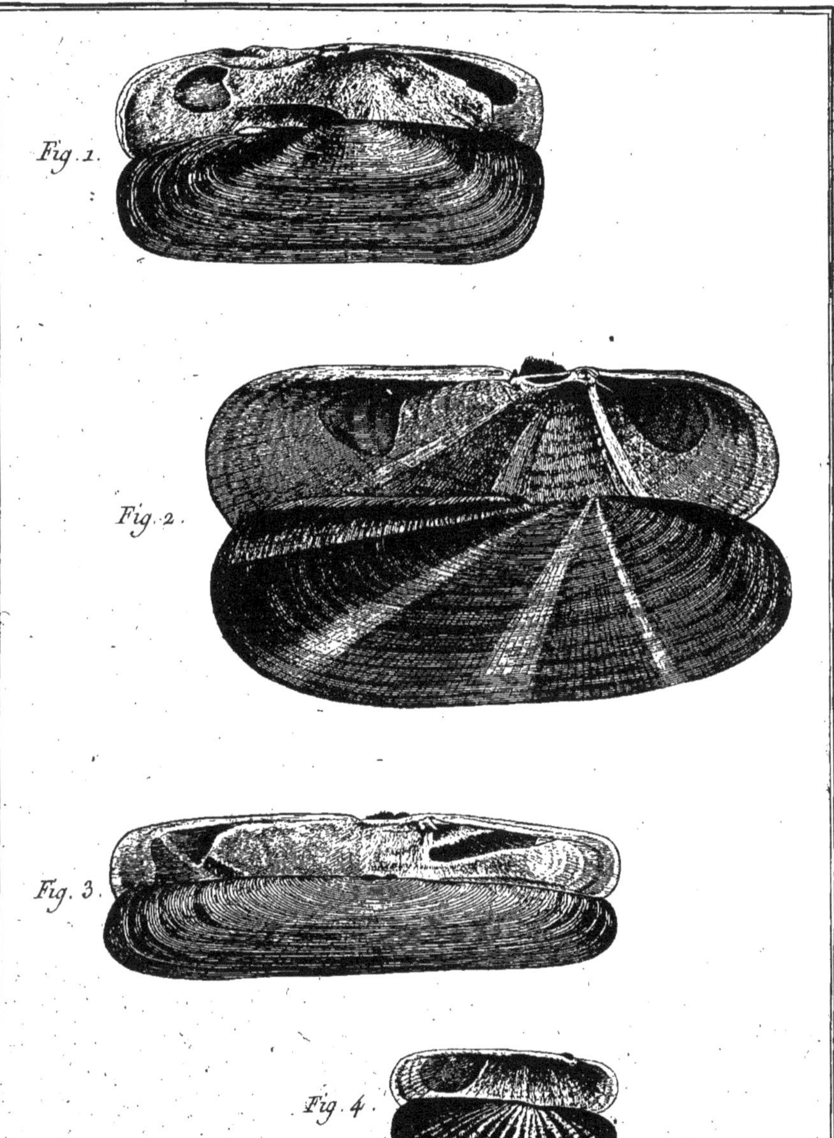

H. J. Redouté Del.

Benard Direxit

Histoire Naturelle, Vers Testacés à Coquille Bivalve régulière.

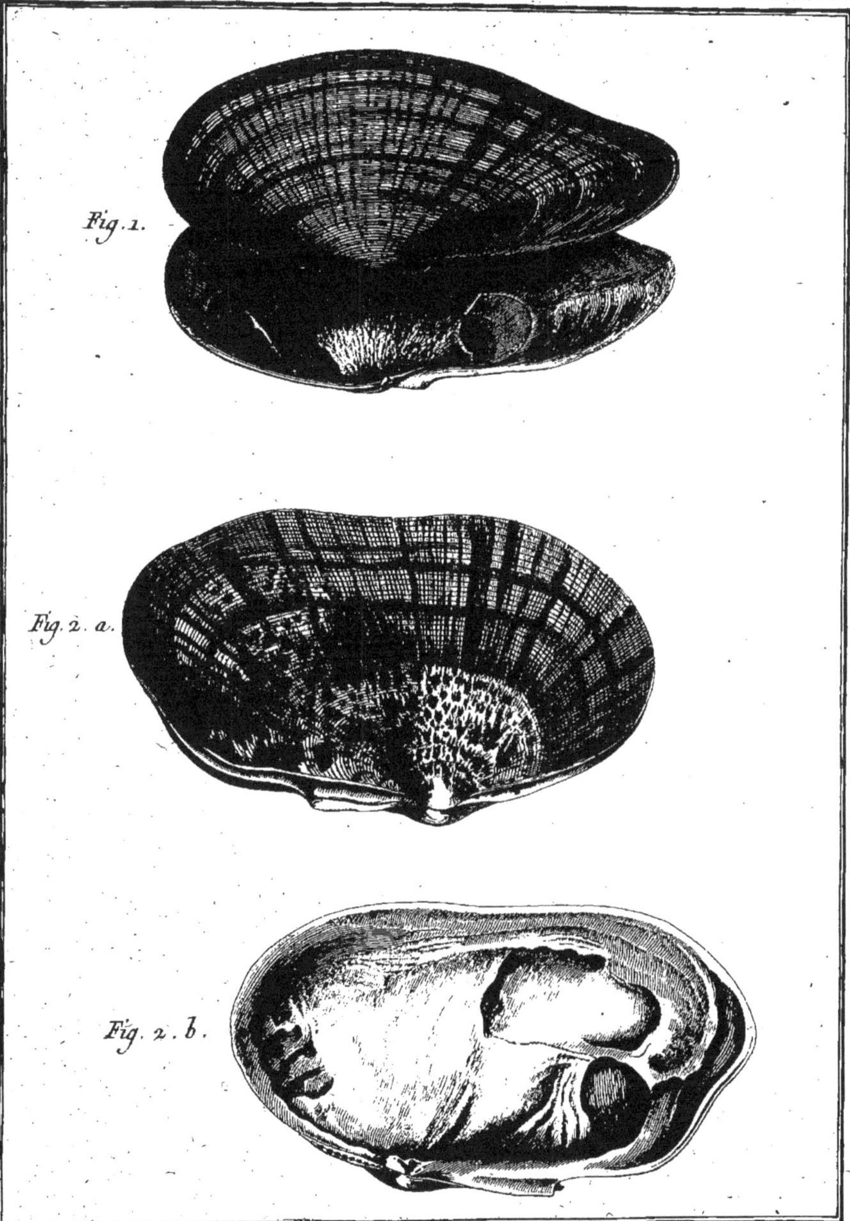

Histoire Naturelle, *Vers Testacés à Coquille Bivalve régulière.*

Fig. 1.

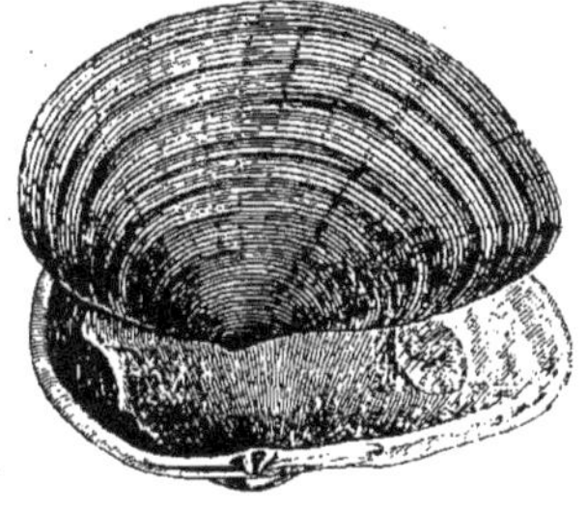

Fig. 2.

Fig. 3.

Fig. 4.

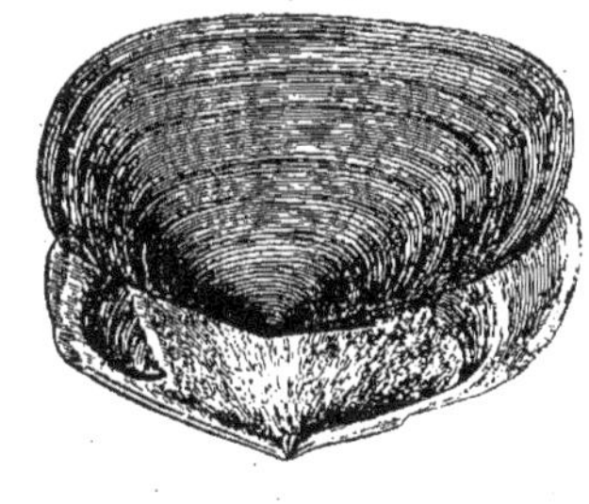

Fig. 5.

Benard Direxit.

Histoire Naturelle, Vers Testacés a Coquille Bivalve régulière. 125.

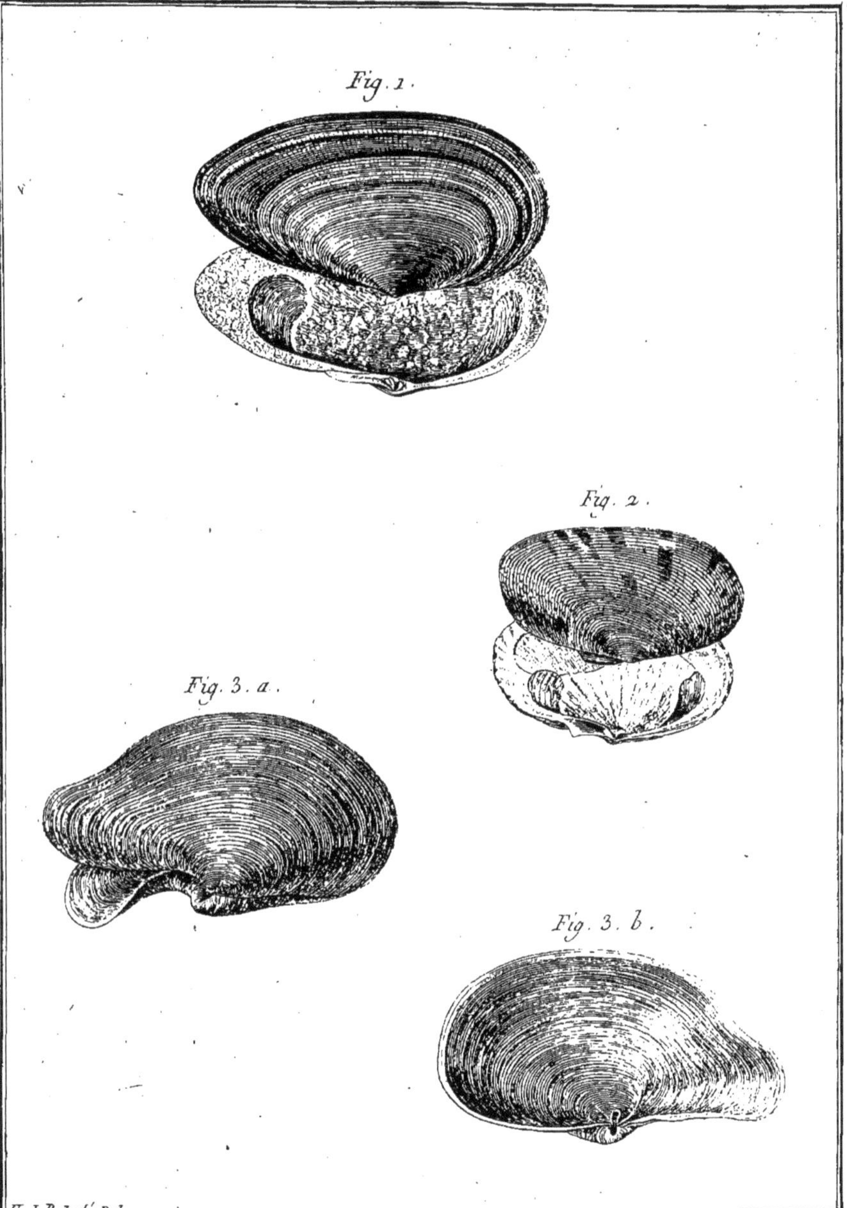

H. J. Redouté Del. Benard Direxit.

Histoire Naturelle, Vers Testacés à Coquille Bivalve régulière.

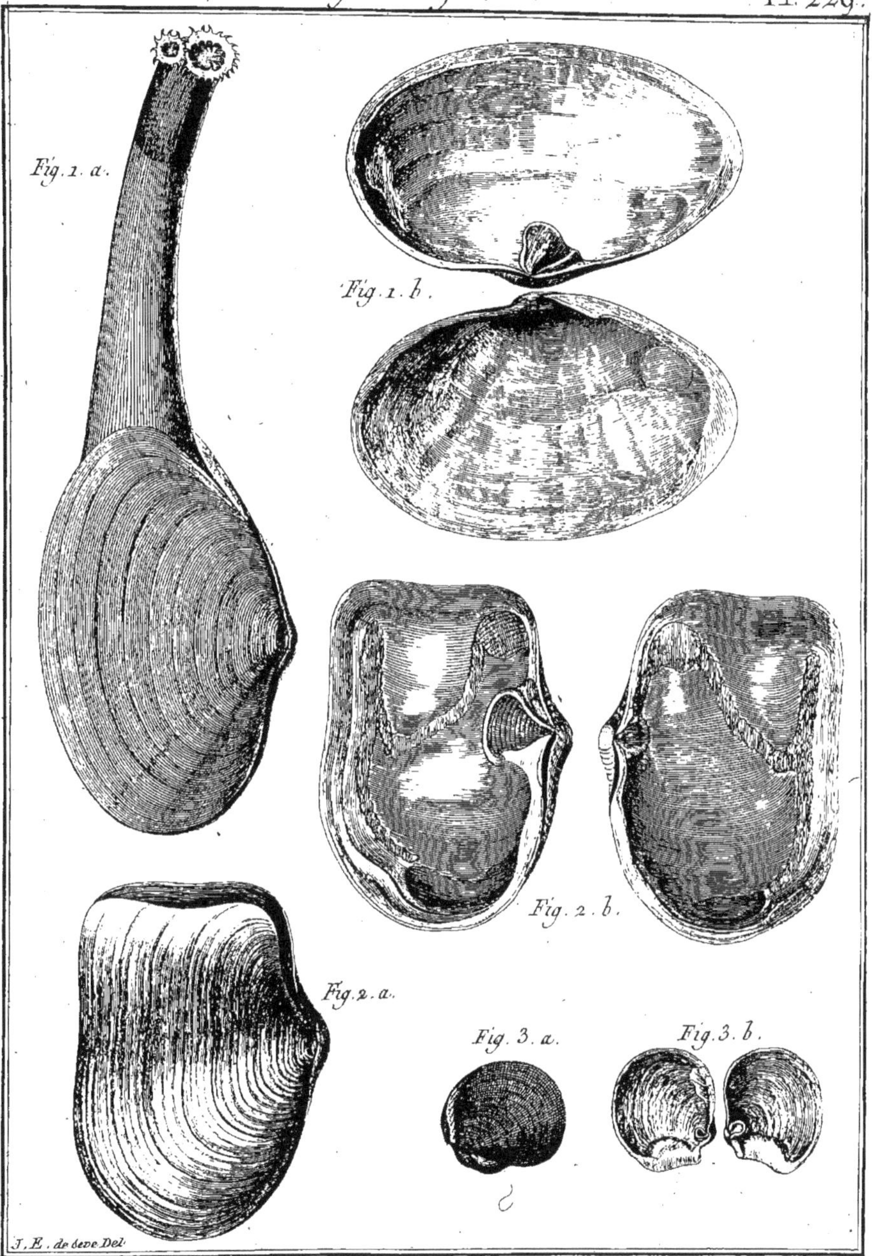

Benard Direxit.

Histoire Naturelle, Vers Testacés à Coquille Bivalve régulière.

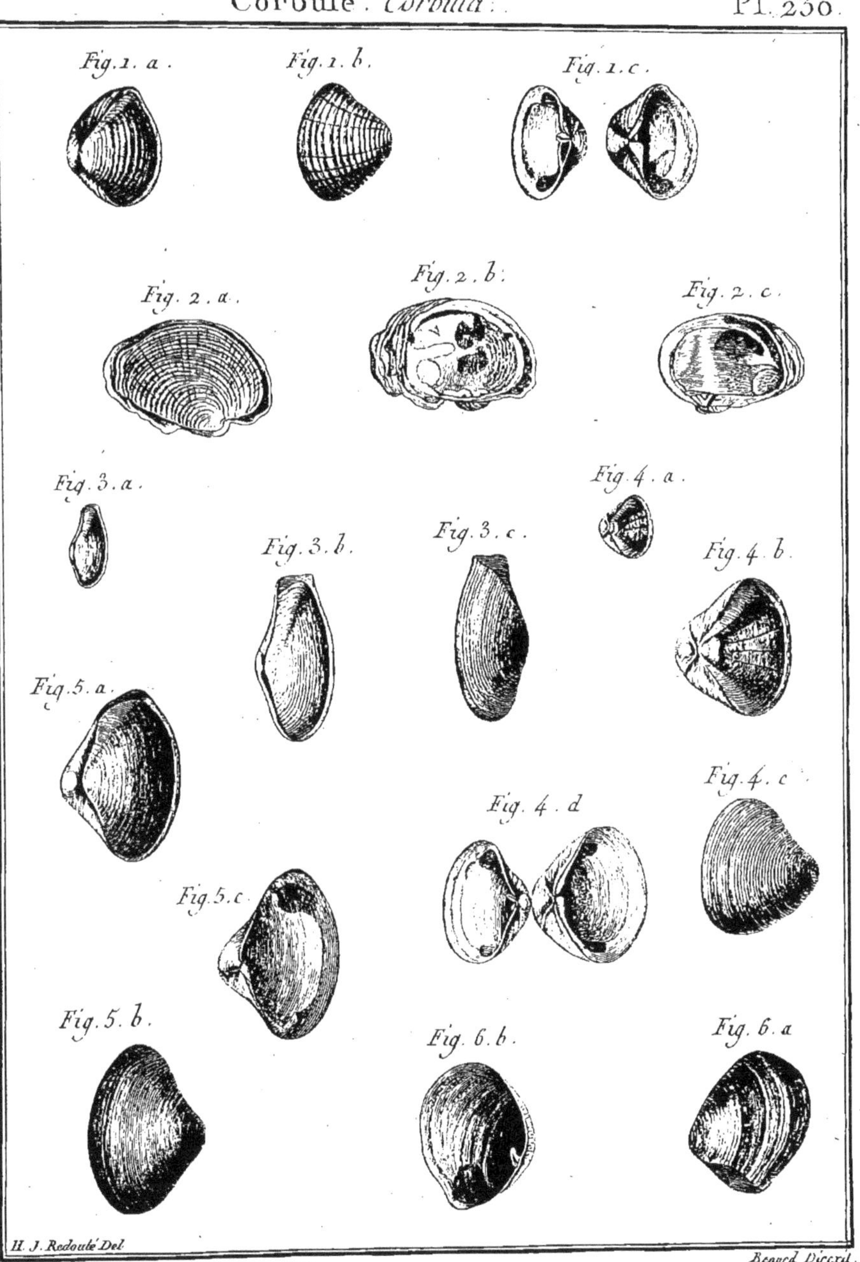

Benard Direxit.

Histoire Naturelle, Vers Testacés à Coquille Bivalve régulière.

Capse. *Capsa.* Pl. 231.

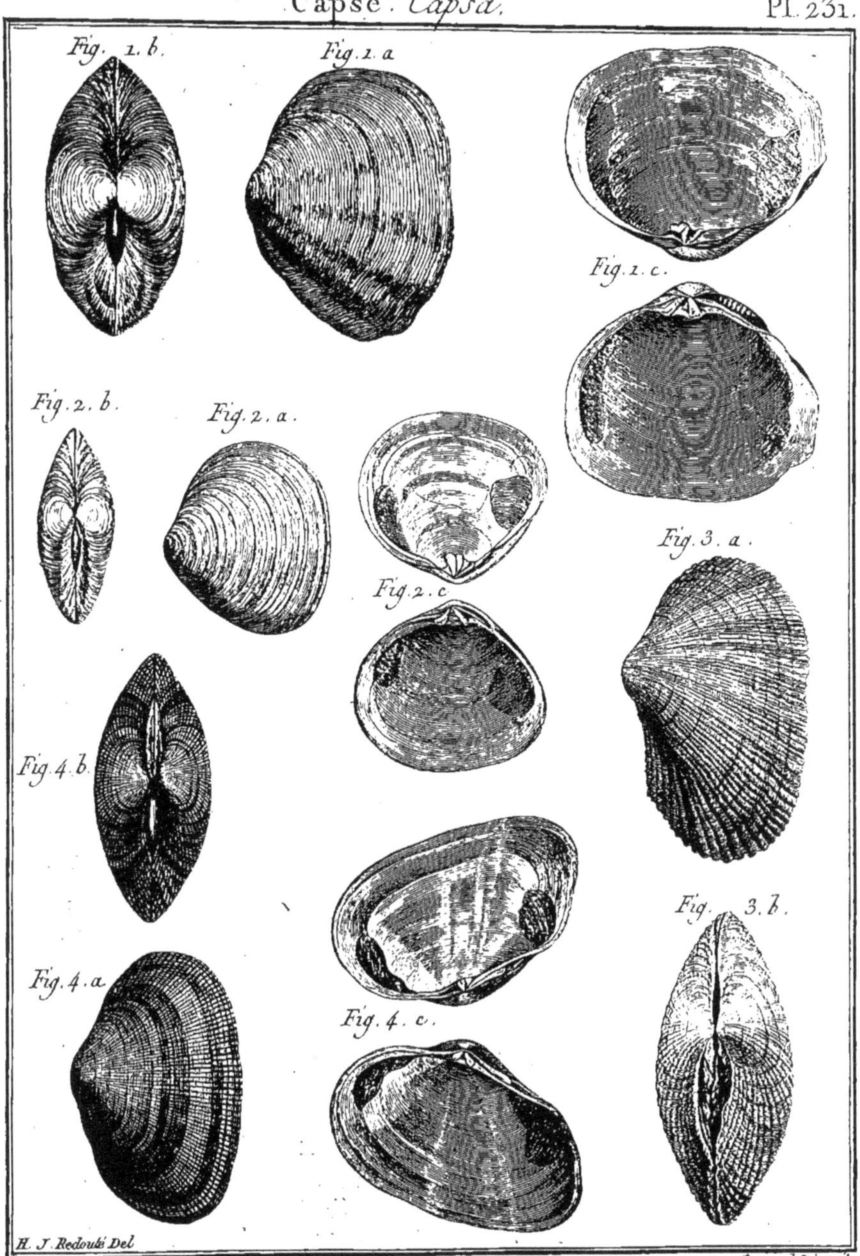

Benard Direxit.

Histoire Naturelle, *Vers Testacés à Coquille Bivalve régulière.*

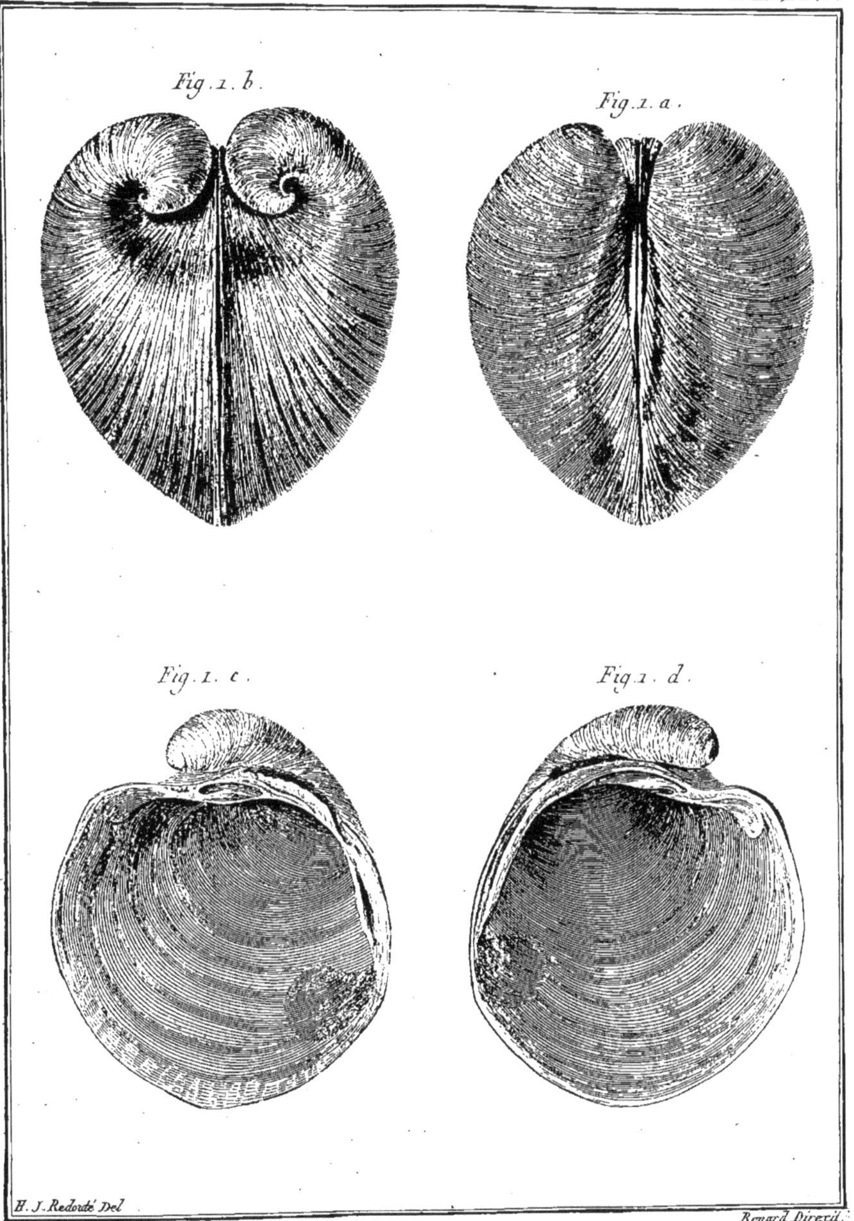
Fig. 1. b.
Fig. 1. a.
Fig. 1. c.
Fig. 1. d.
H. J. Redouté Del.
Benard Direxit.

Fig. 1. a.

Fig. 1. b.

Fig. 1. c.

Fig. 1. d.

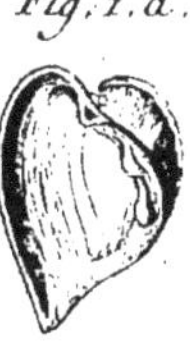

Fig. 2.

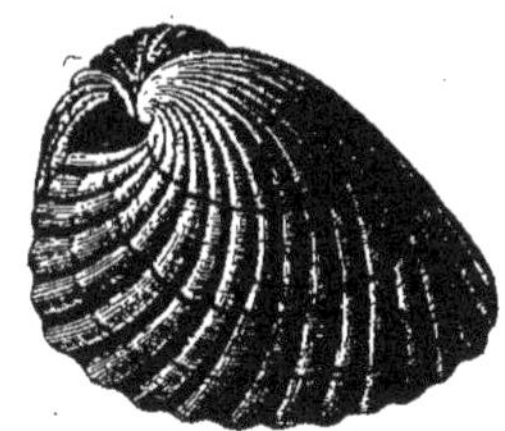

Fig. 3.

Fig. 5.

Fig. 4.

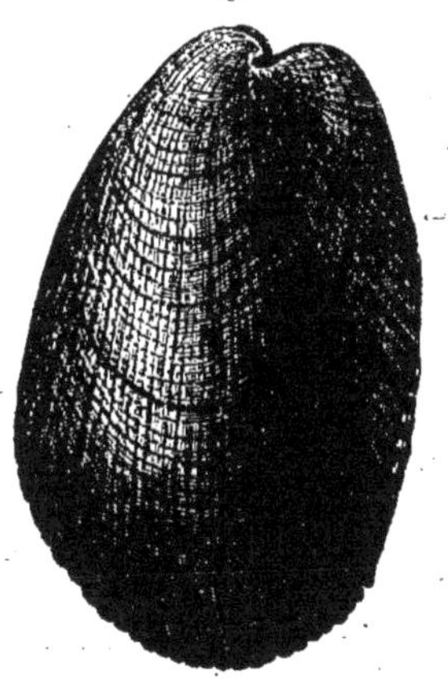

Fig. 6.

H. J. Redouté. Del. Benard Direxit.

Histoire Naturelle, Vers Testacés à Coquille Bivalve régulière.

Cardite . *Cardita*. Pl. 234.

Fig. 1. a.

Fig. 1. b.

Fig. 1. c.

Fig. 2.

Fig. 3.

Fig. 4. a.

Fig. 5. a.

Fig. 5. b.

Fig. 4. b.

Fig. 6. a.

Fig. 6. b.

Fig. 6. c.

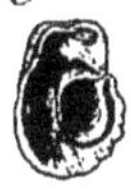

Fig. 7.

H. J. Redouté, Del. Benard Direxit.

Histoire Naturelle, Vers Testacés à Coquille Bivalve régulière.

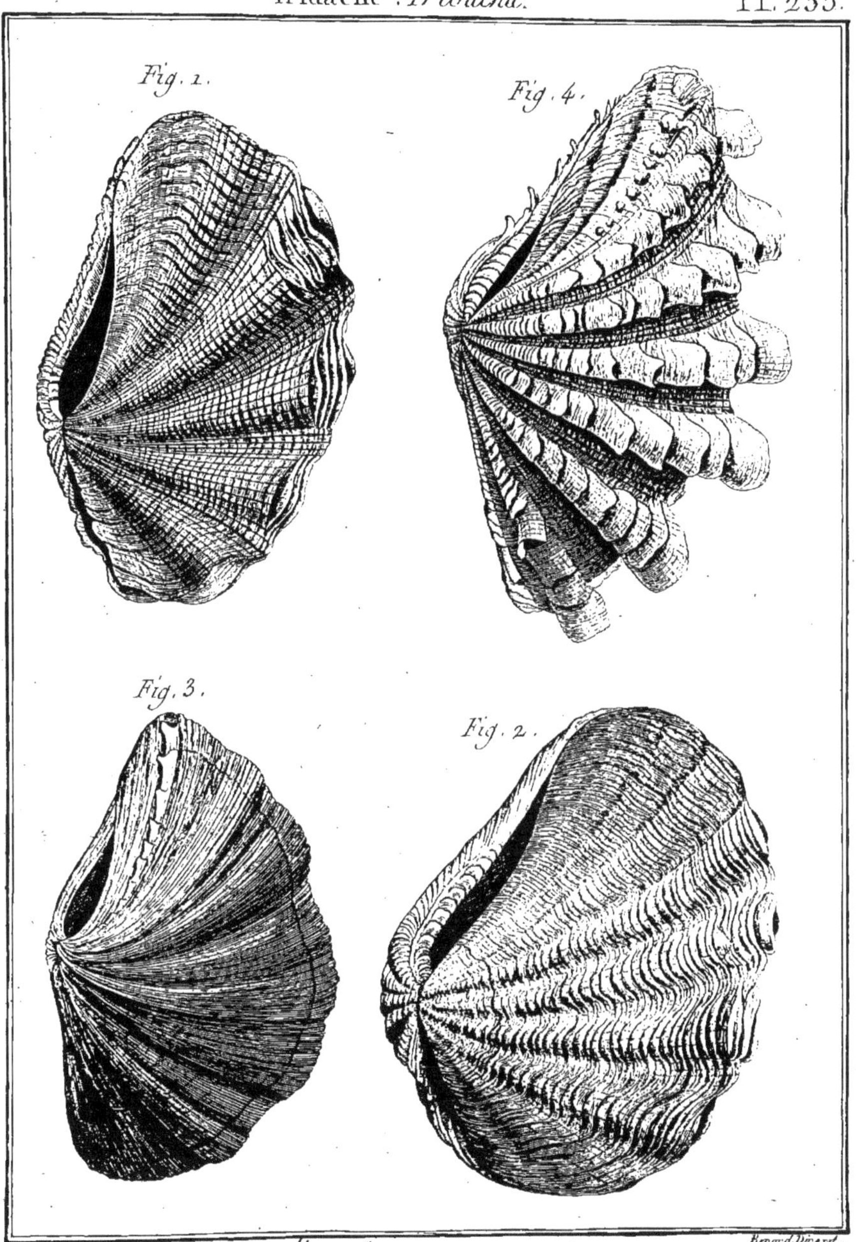

Benard Direxit.

Histoire Naturelle, Vers Testacés à Coquille Bivalve régulière.

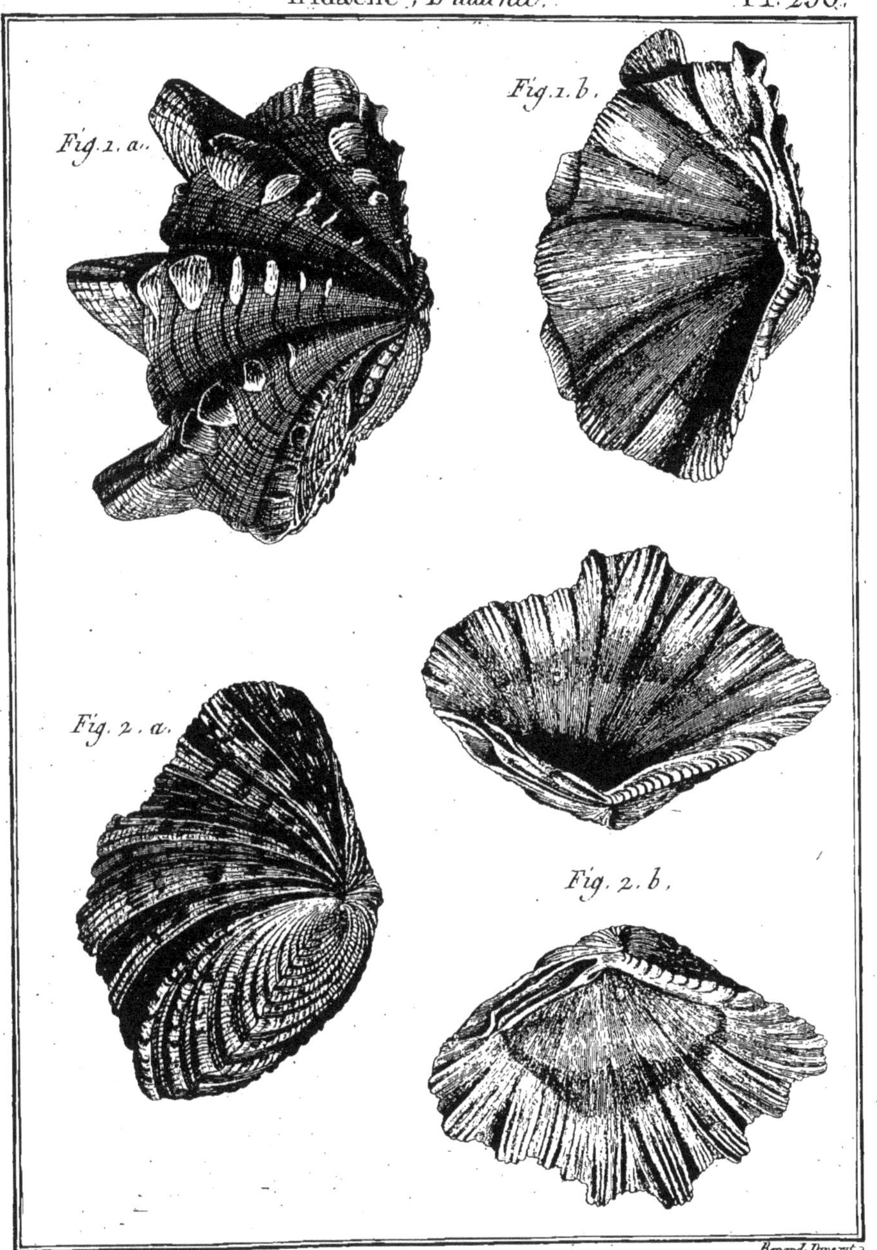

Benard Direxit

Histoire Naturelle, Vers Testacés à Coquille Bivalve régulière.

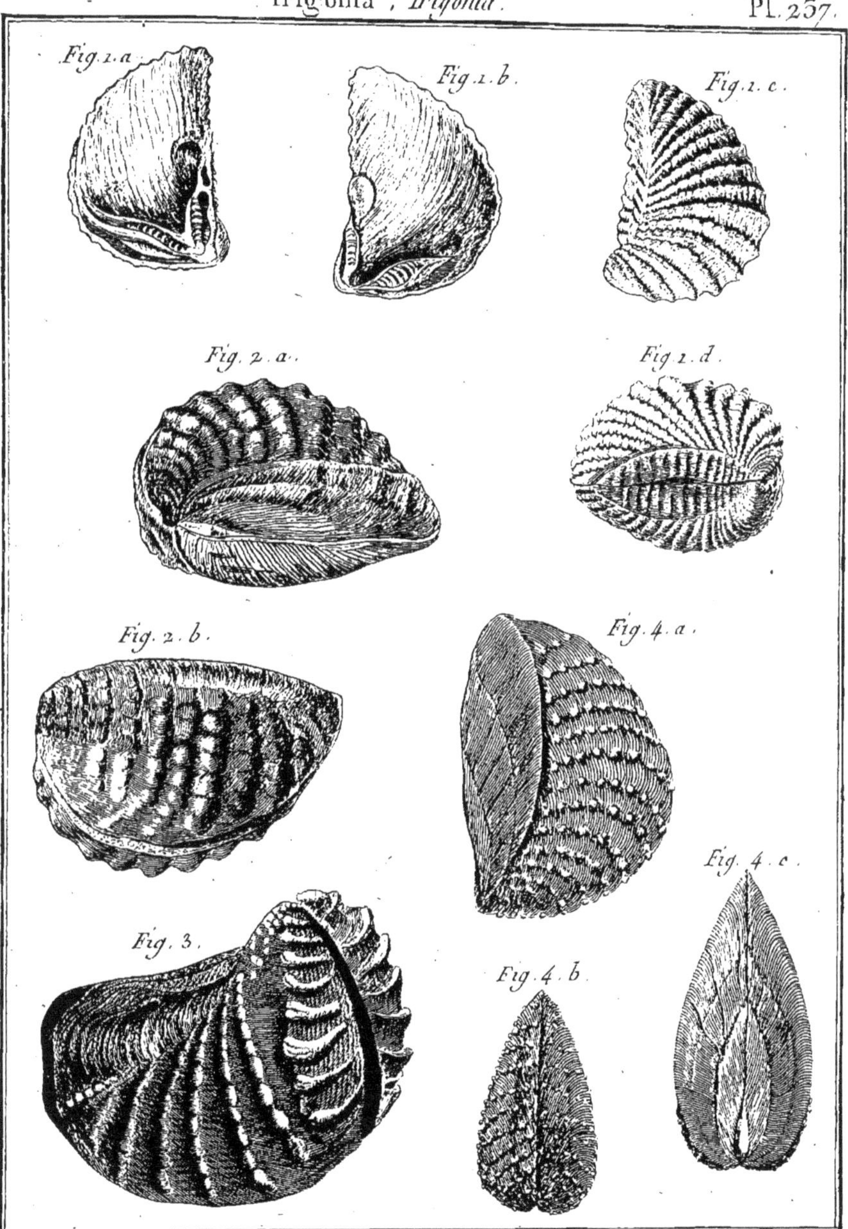

Benard Direxit

Histoire Naturelle, Vers Testacés à Coquille Bivalve régulière.

Trigonia, *Trigonia*. Pl. 238.

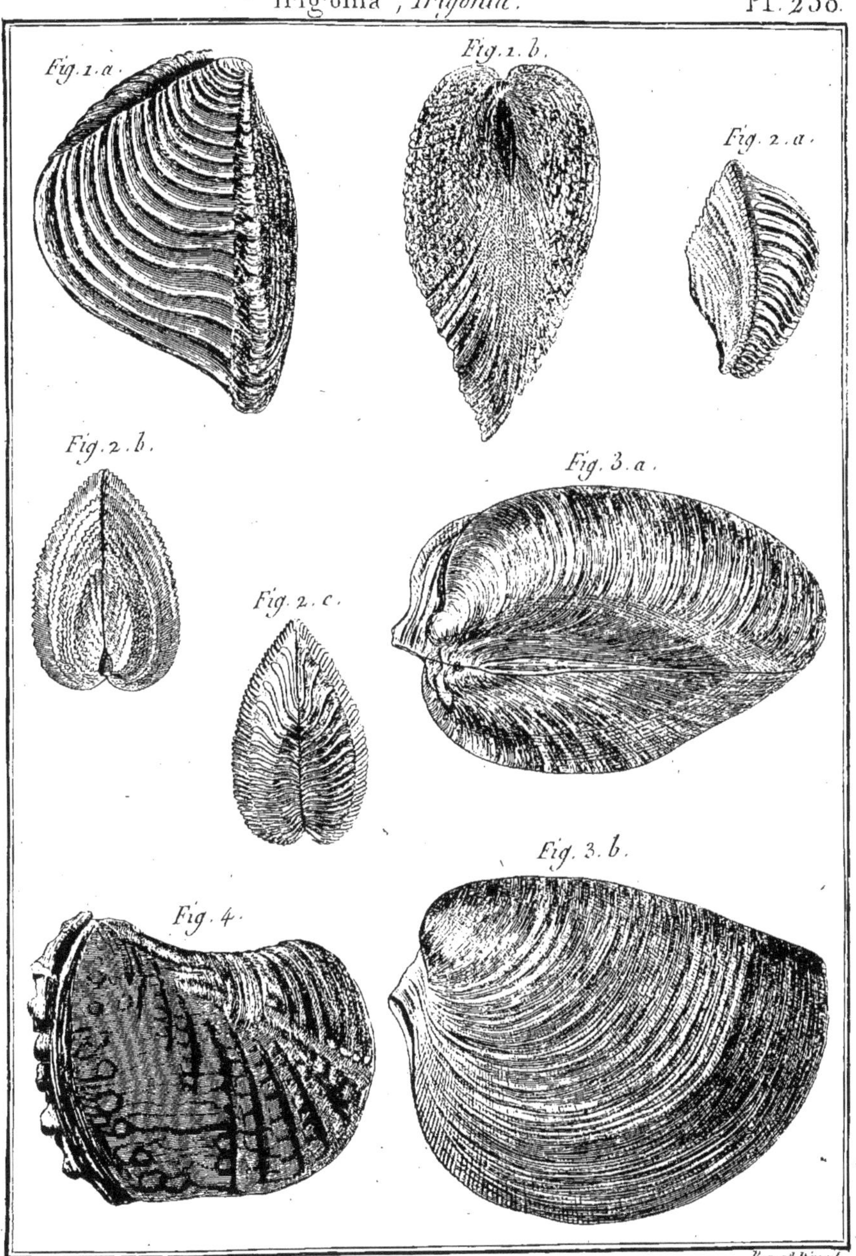

Benard Direxit

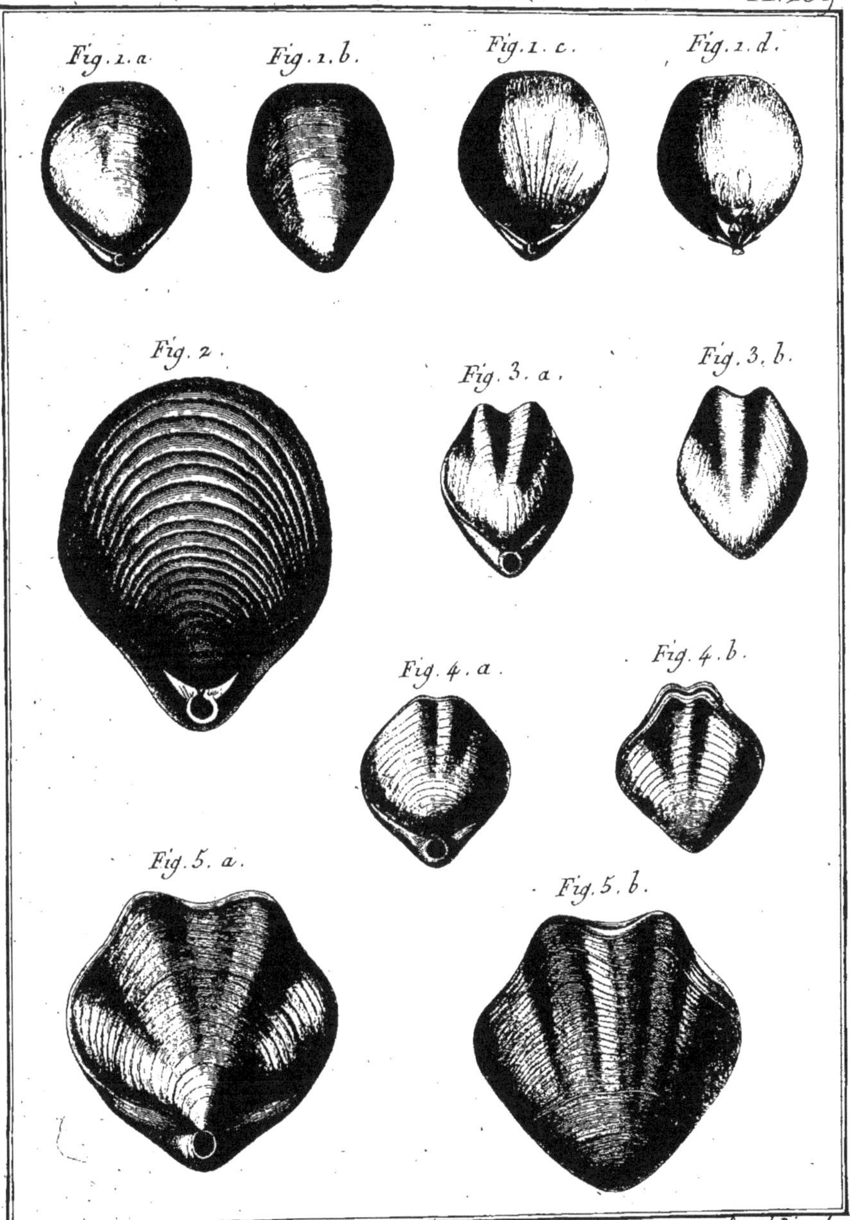

Benard Direxit.

Histoire Naturelle, Vers Testacés à Coquille Bivalve régulière.

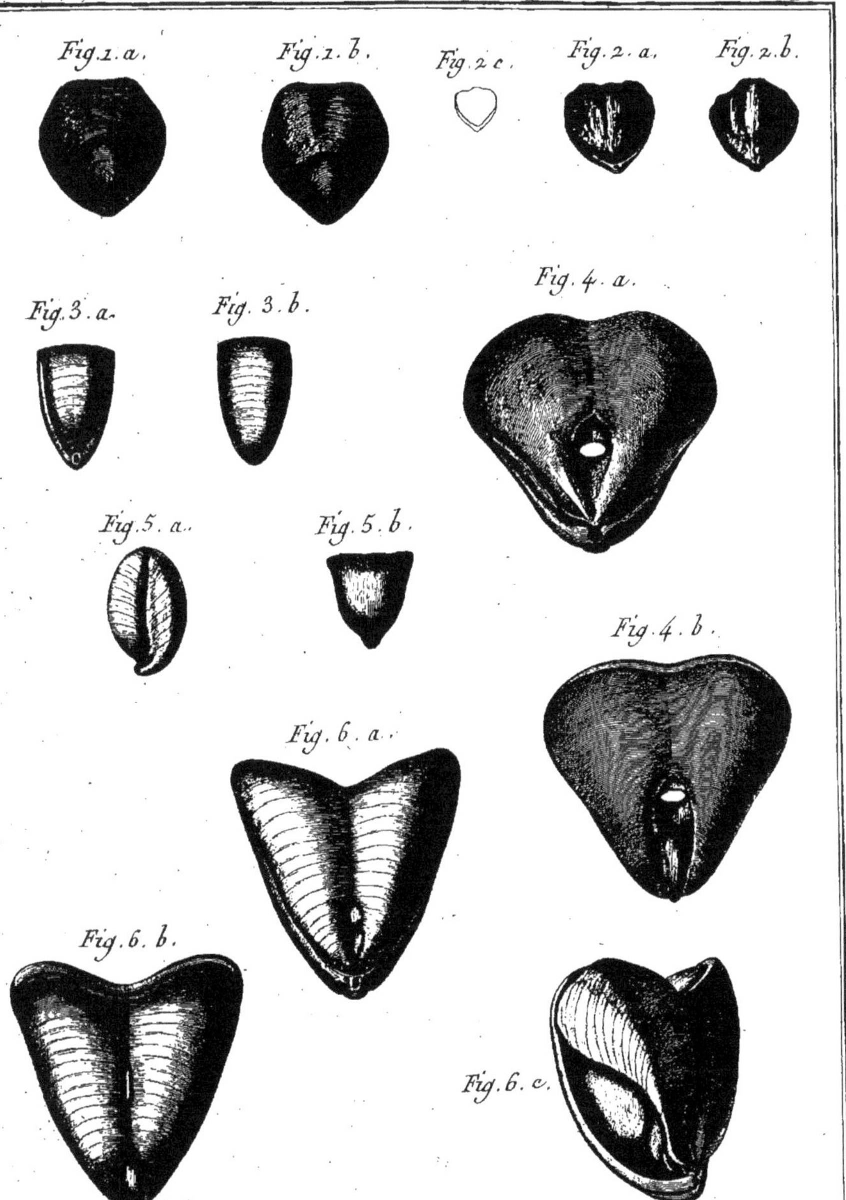

H. J. Redouté Del. Benard Direxit.

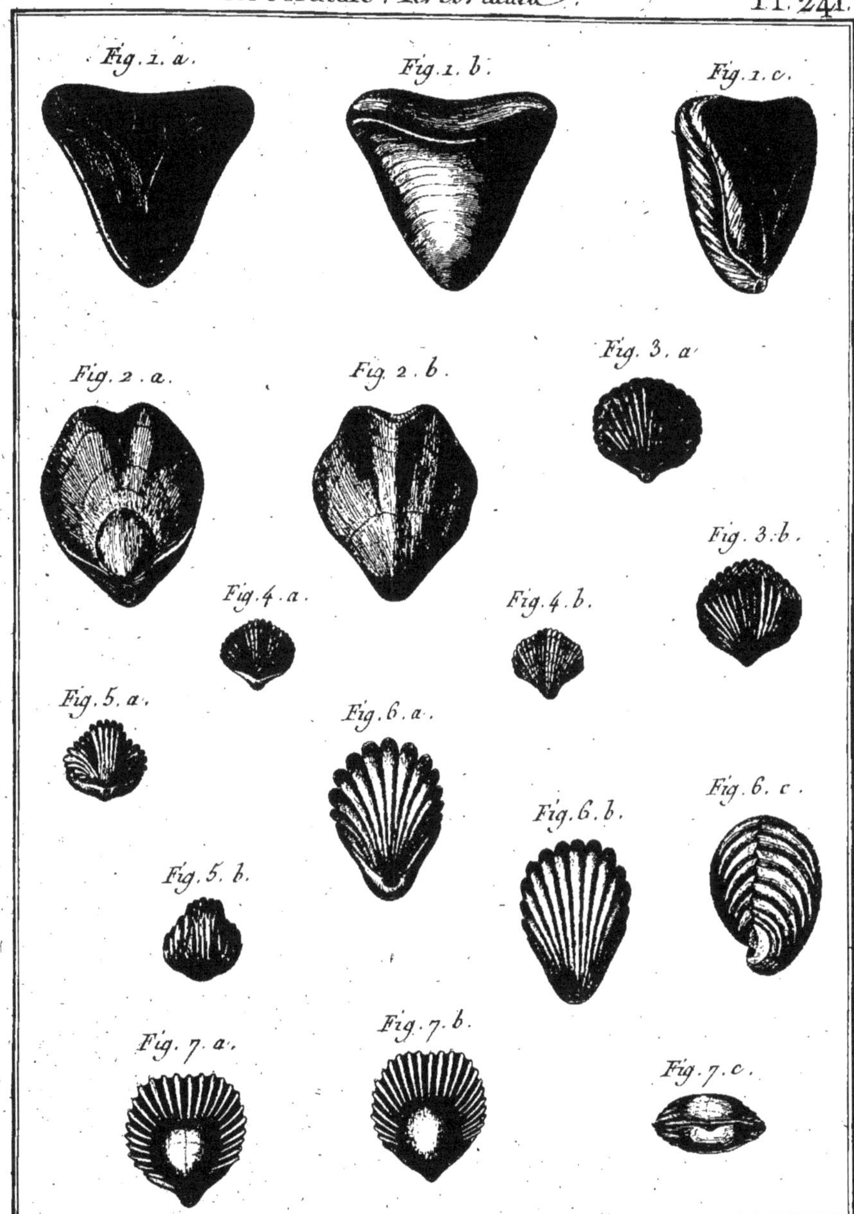

Benard Direxit.

Histoire Naturelle, *Vers Testacés à Coquille Bivalve régulière.*

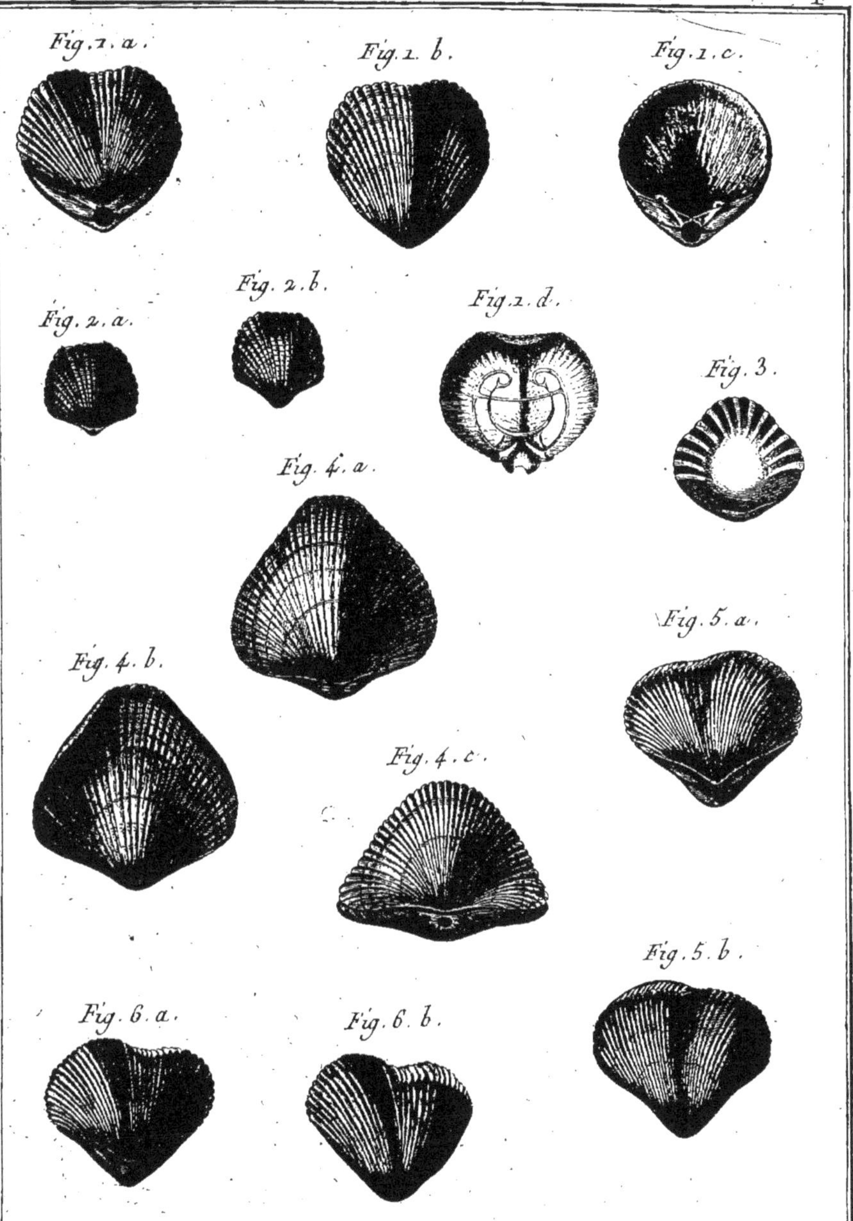

Benard Direxit.

Histoire Naturelle, Vers Testacés à Coquille Bivalve régulière.

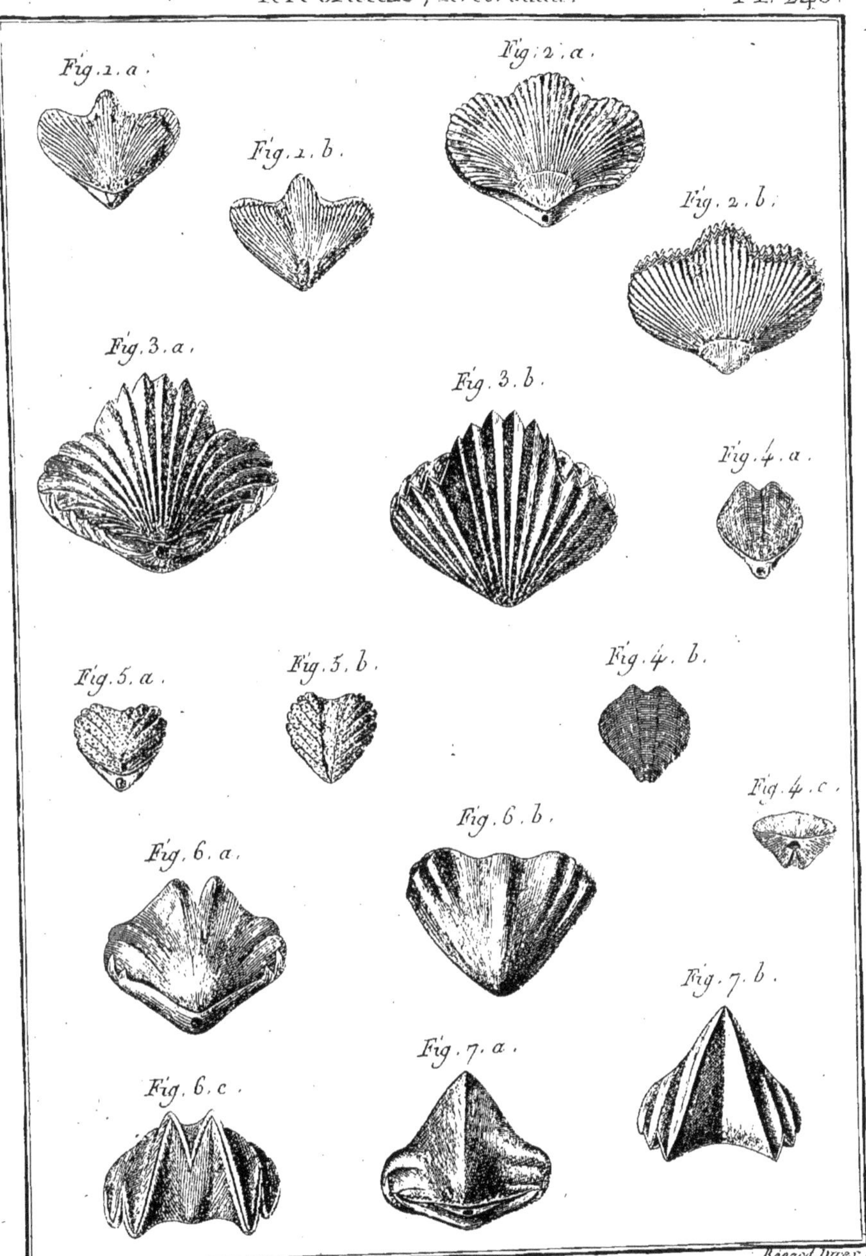

H. J. Redouté Del. Benard Direx.

Histoire Naturelle, Vers Testacés à Coquille Bivalve régulière.

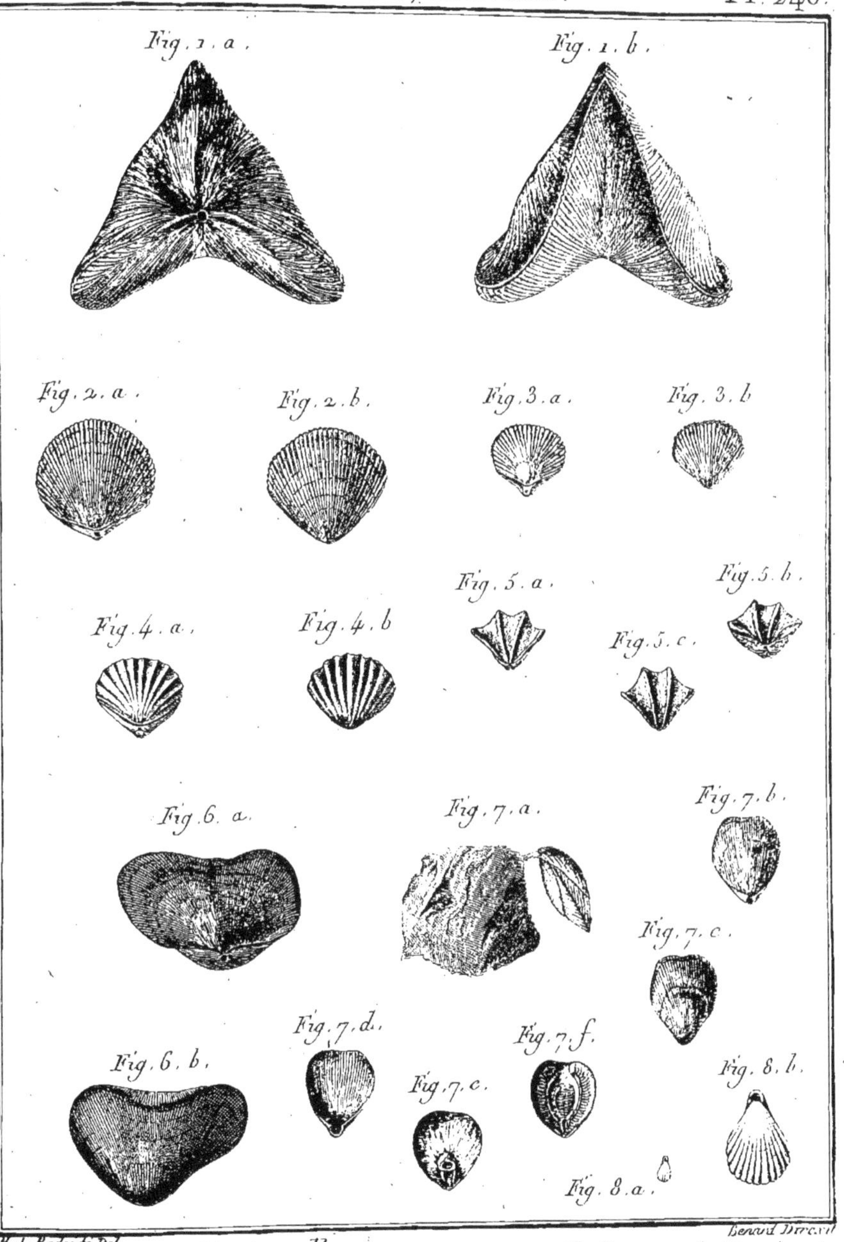

H. J. Redouté Del. Benard Direxit

Histoire Naturelle, *Vers Testacés à Coquille Bivalve régulière.*

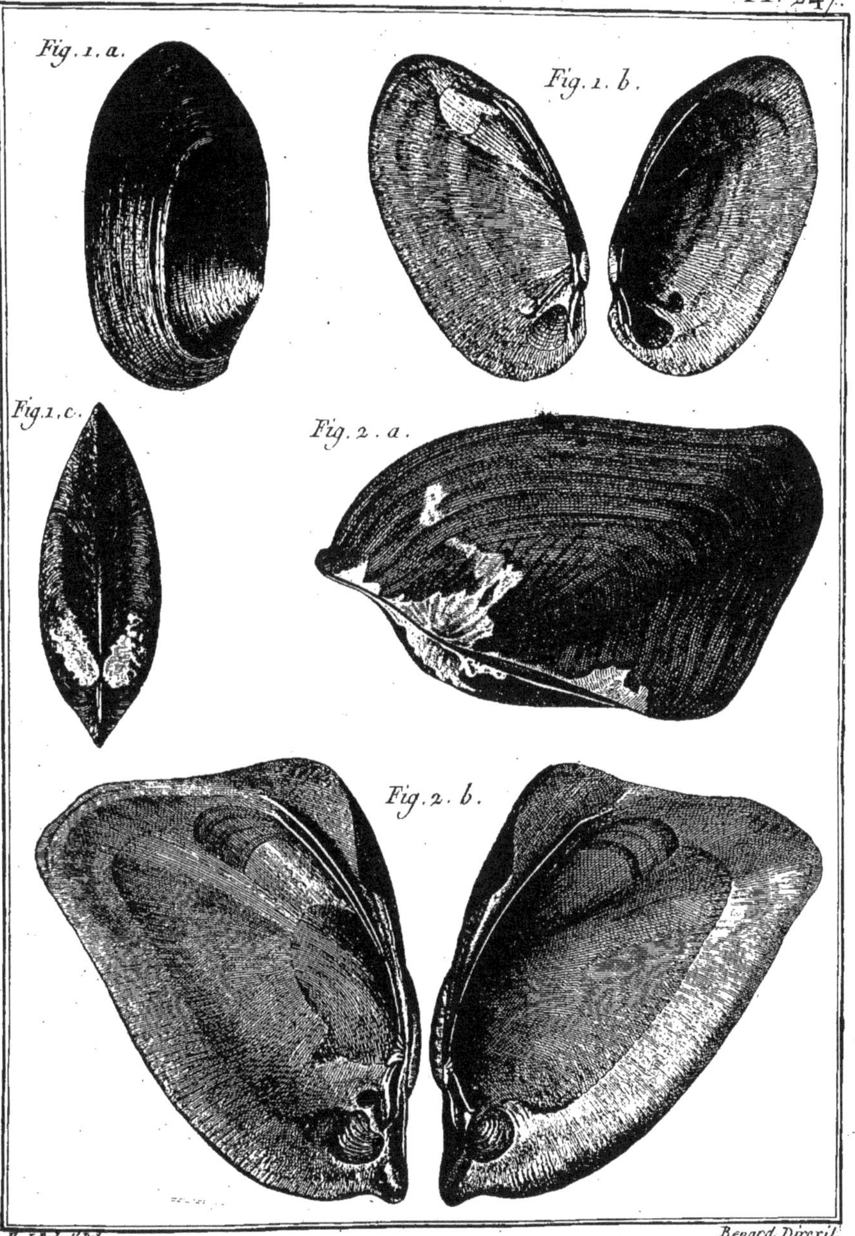

H. J. Redouté Del. Benard Direxit.

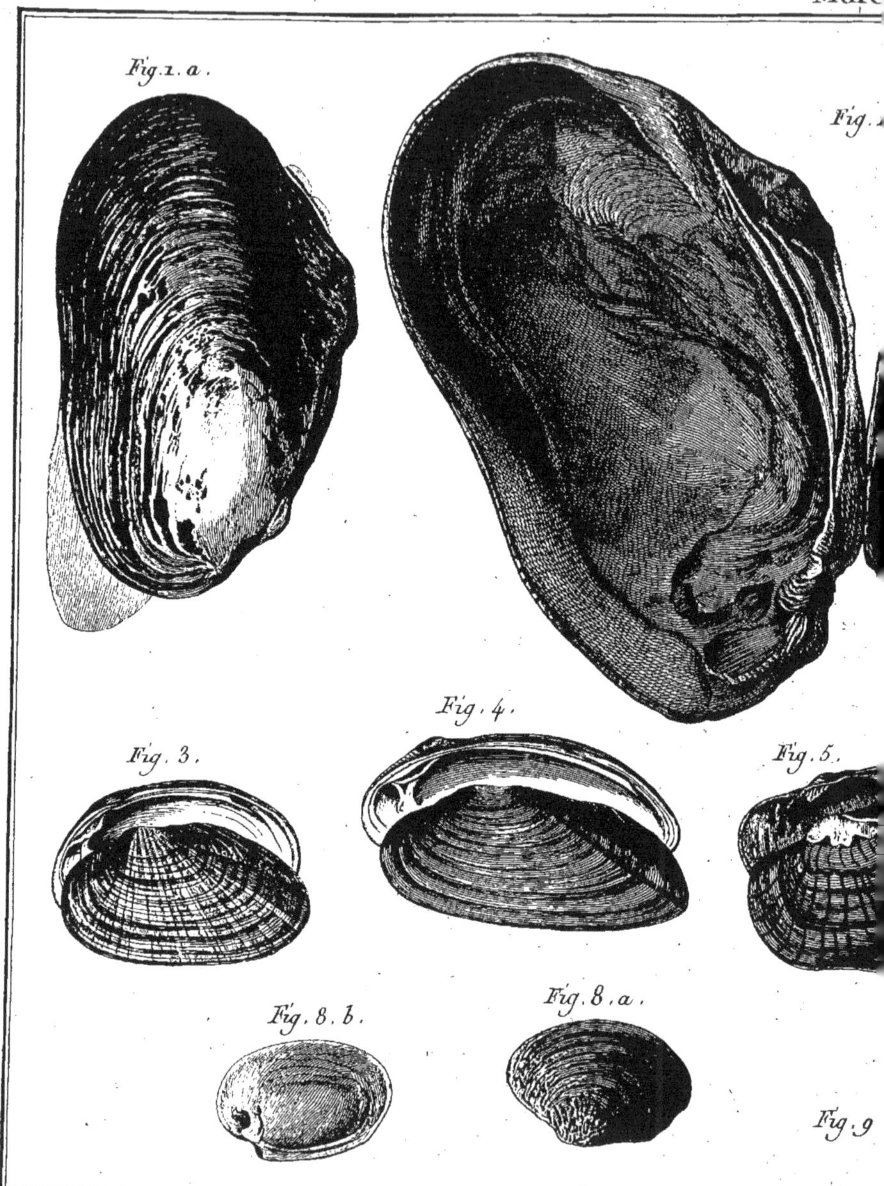

Fossier Del.

Histoire Naturelle, Vers Tes

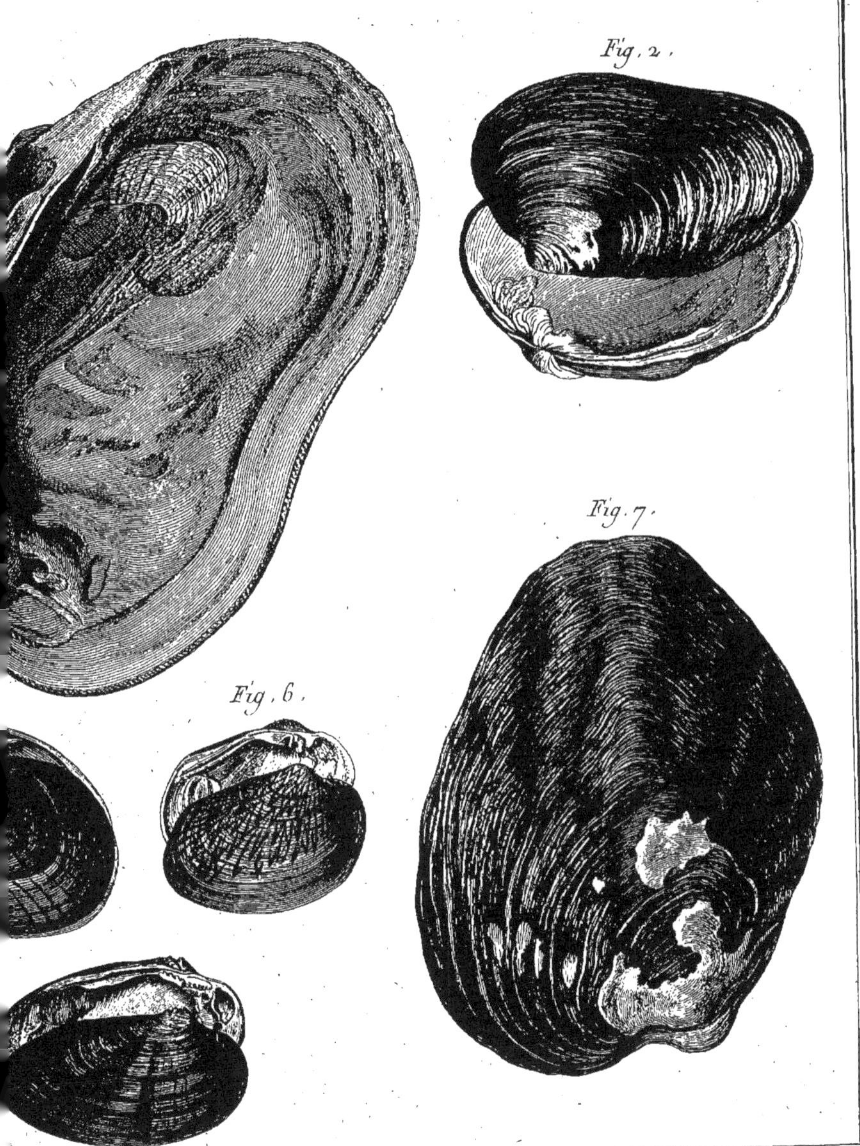

Benard Direxit.

és à Coquille Bivalve régulière.

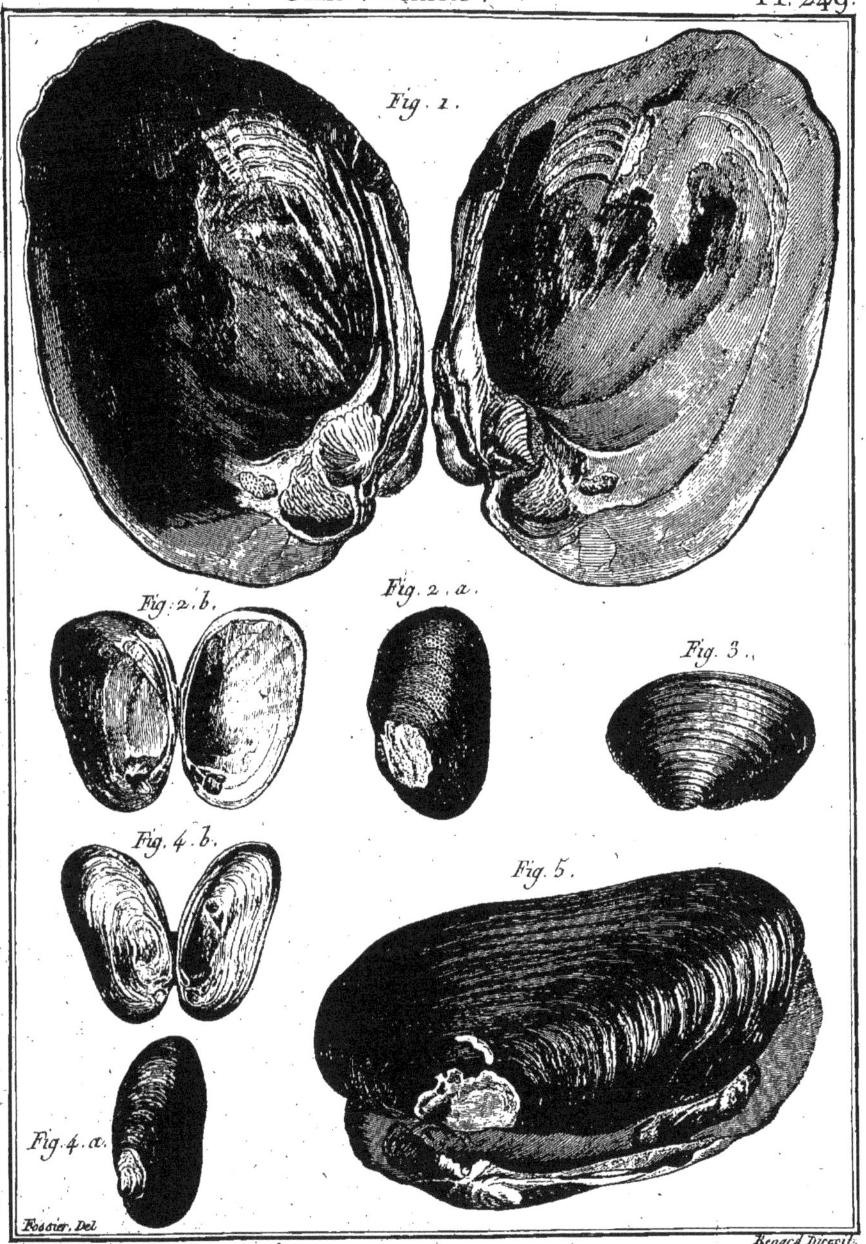

Histoire Naturelle, Vers Testacés à Coquille Bivalve régulière.

Lingule . *Lingula* . Pl. 250.

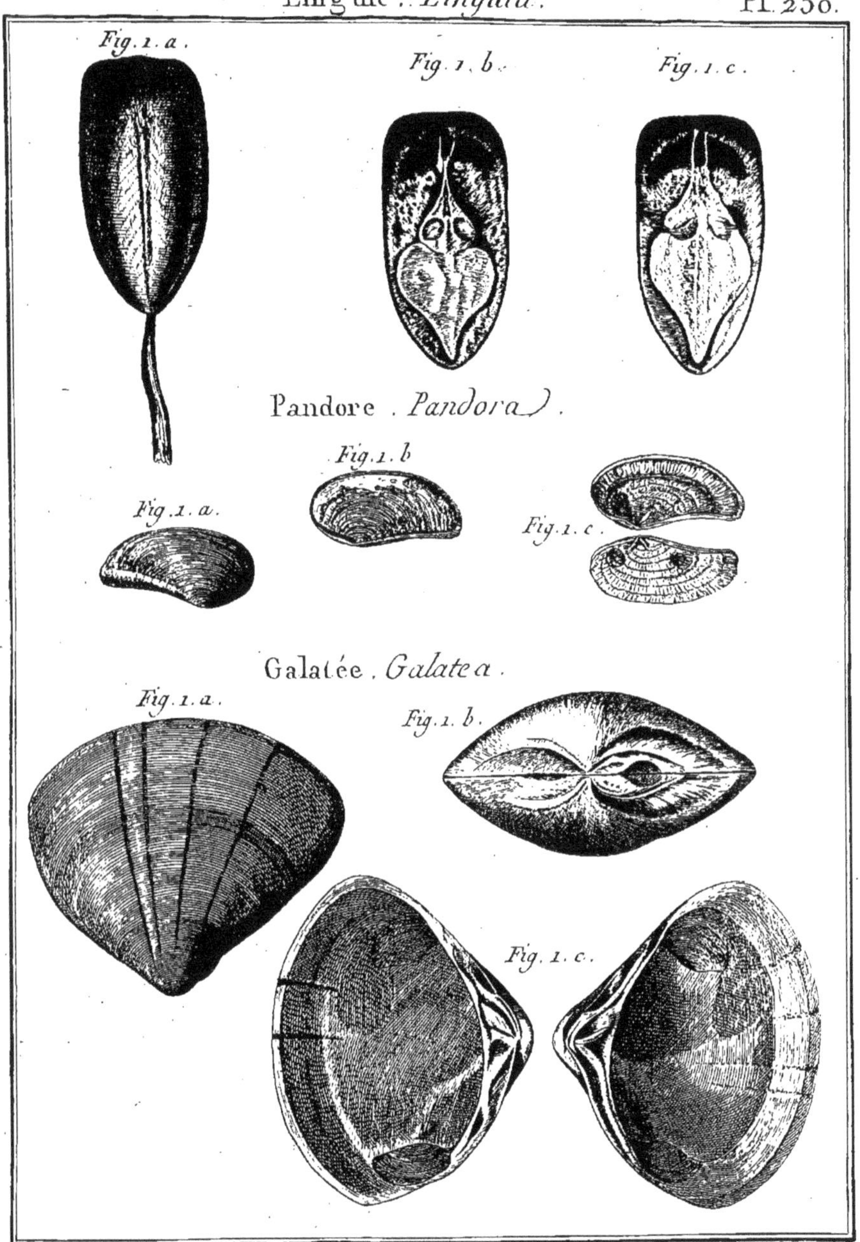

H.J.R. del. Benard Direxit

Histoire Naturelle, Vers Testacés à Coquille Bivalve régulière

Mactre, *Mactra*. Pl. 251.

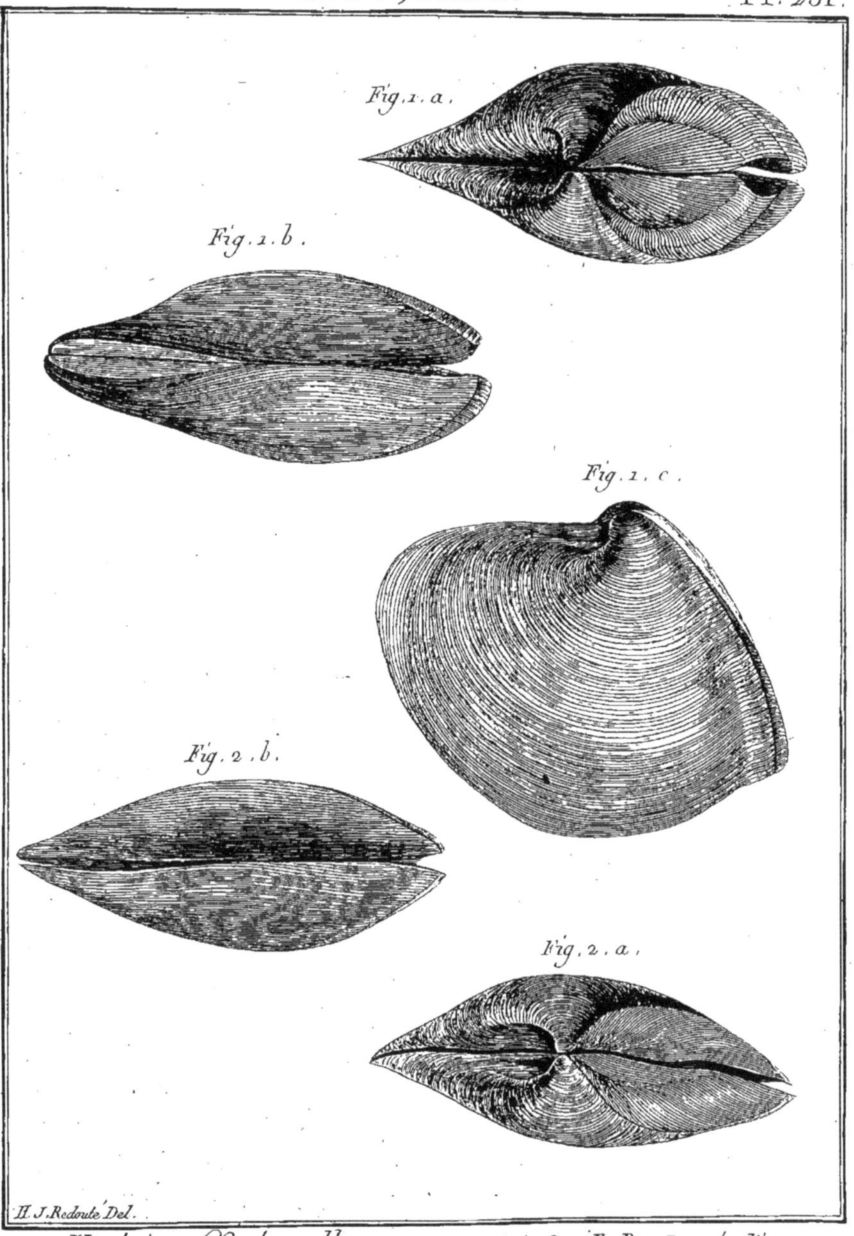

Histoire Naturelle, Vers Testacés à Coquille Bivalve régulière.

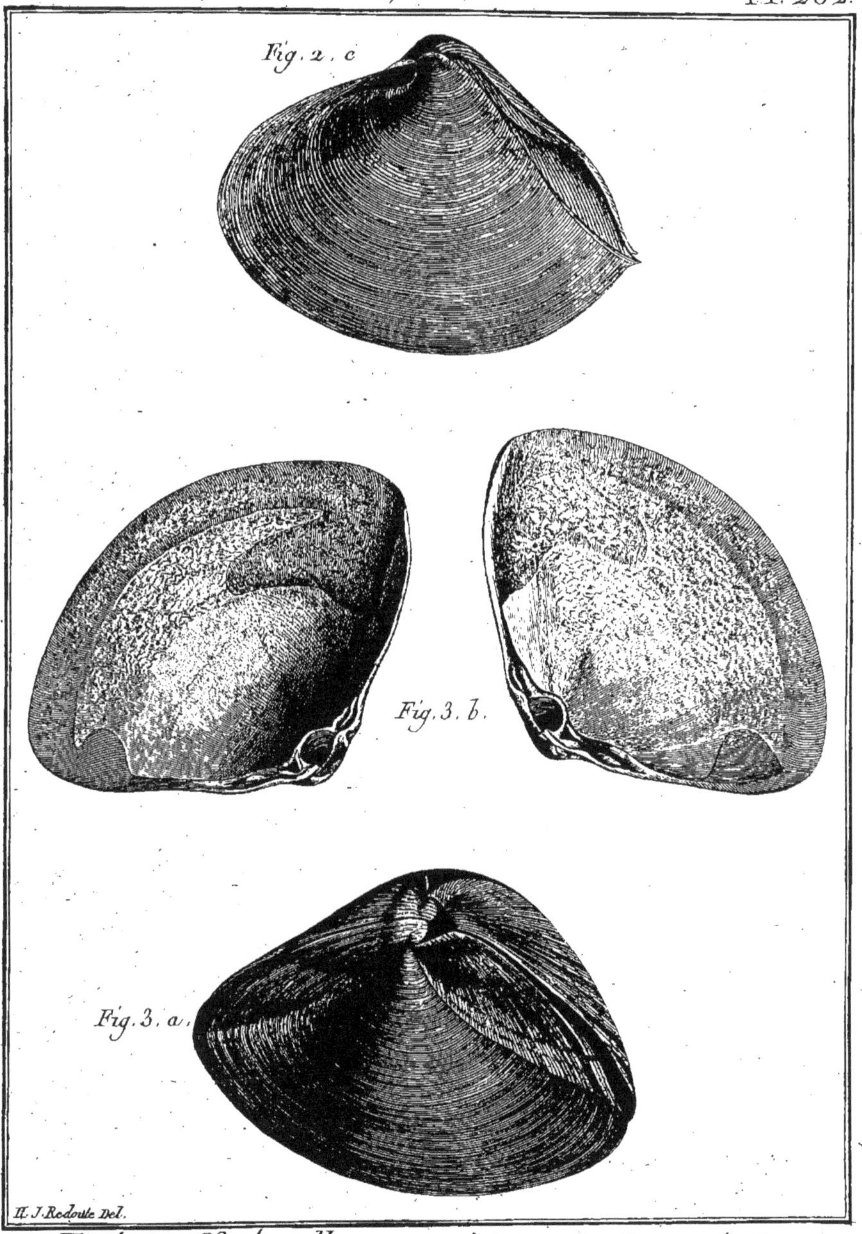
Fig. 2. c
Fig. 3. b.
Fig. 3. a.
H. J. Redouté Del.

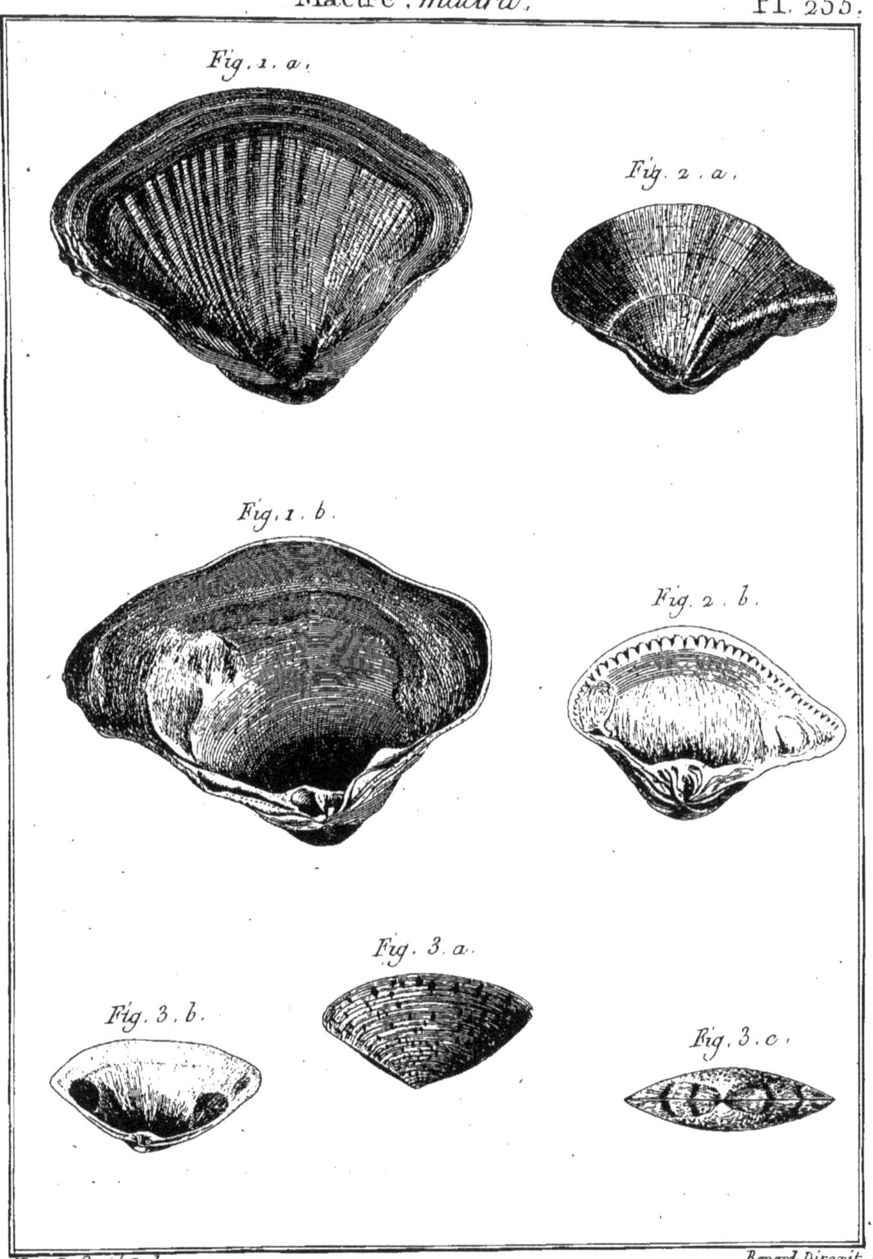

H. J. Redouté Del. Benard Direxit.

Histoire Naturelle, Vers Testacés à Coquille Bivalve régulière.

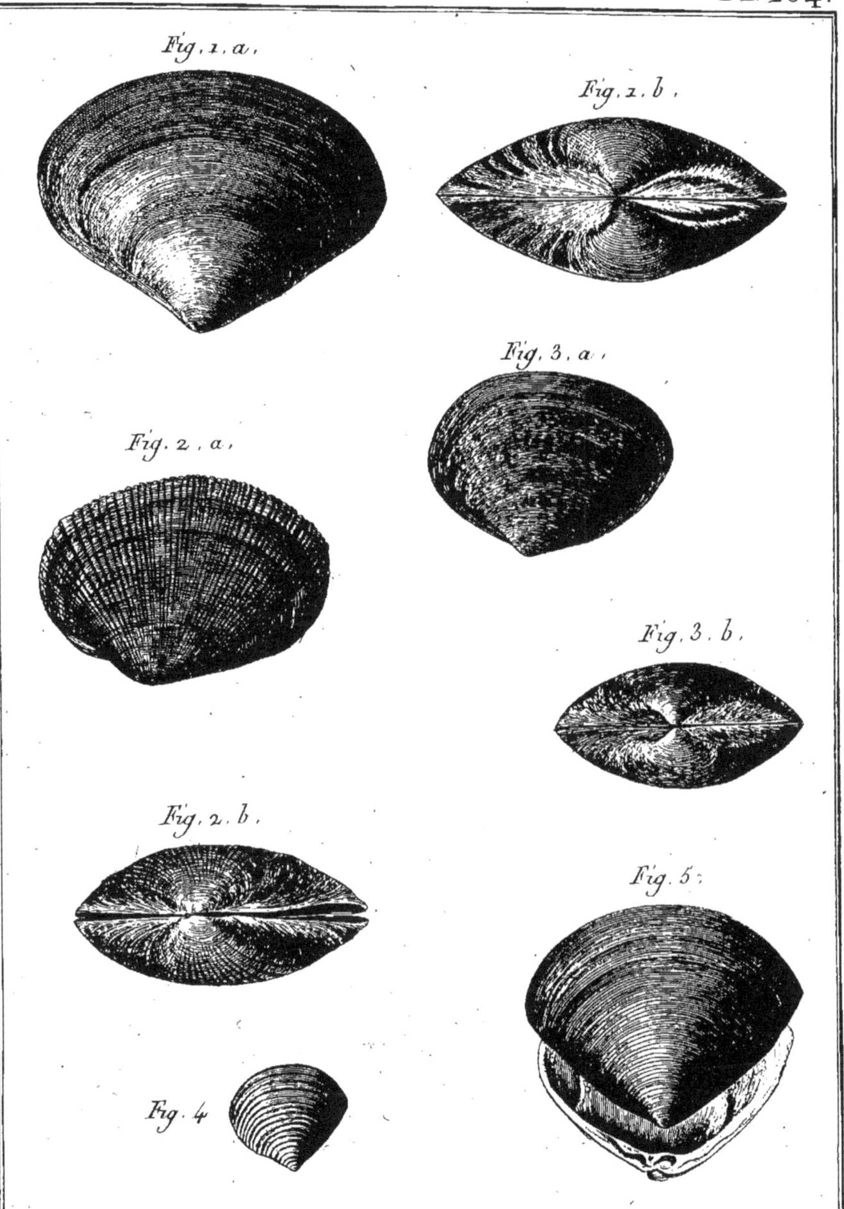

H. J. Redouté Del. Benard Direxit.

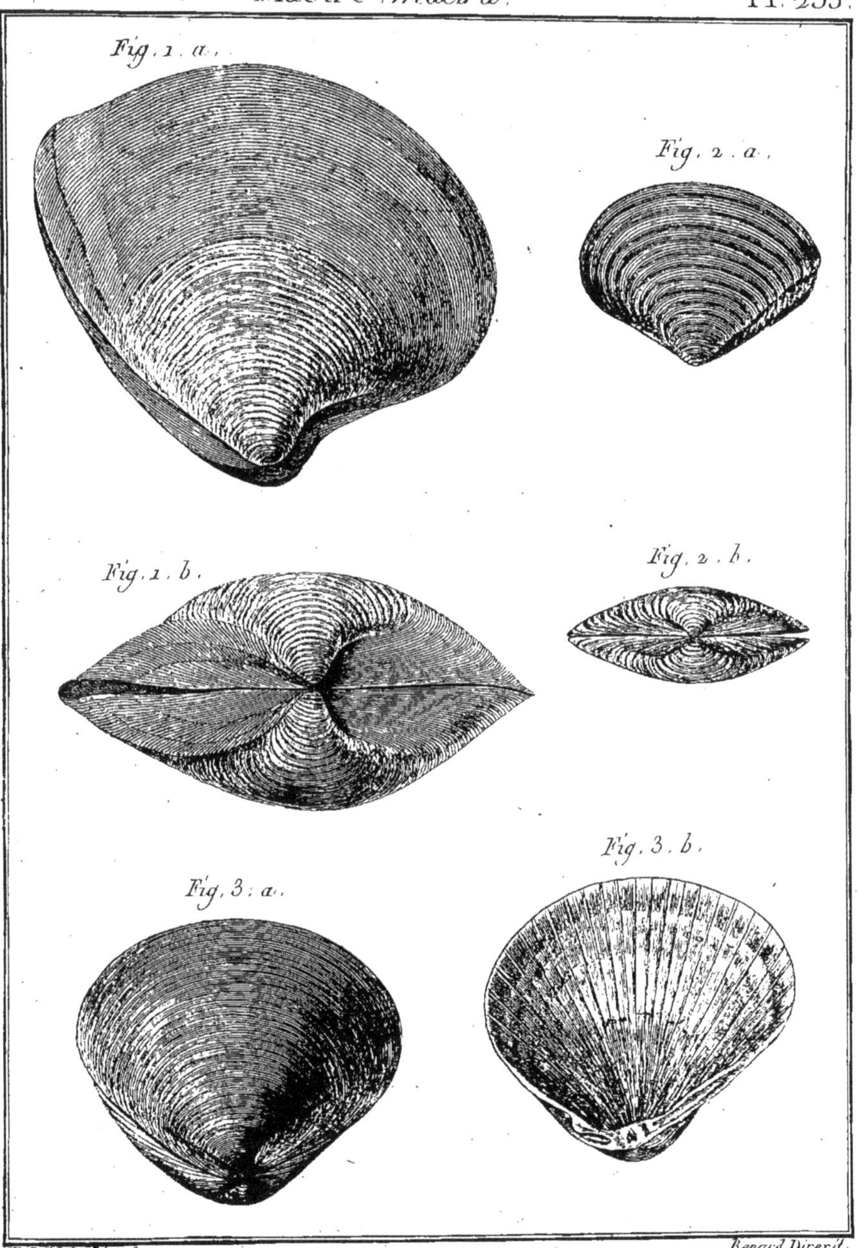

H. J. Redouté Del. Benard Direxit.

Histoire Naturelle, Vers Testacés à Coquille Bivalve reguliere.

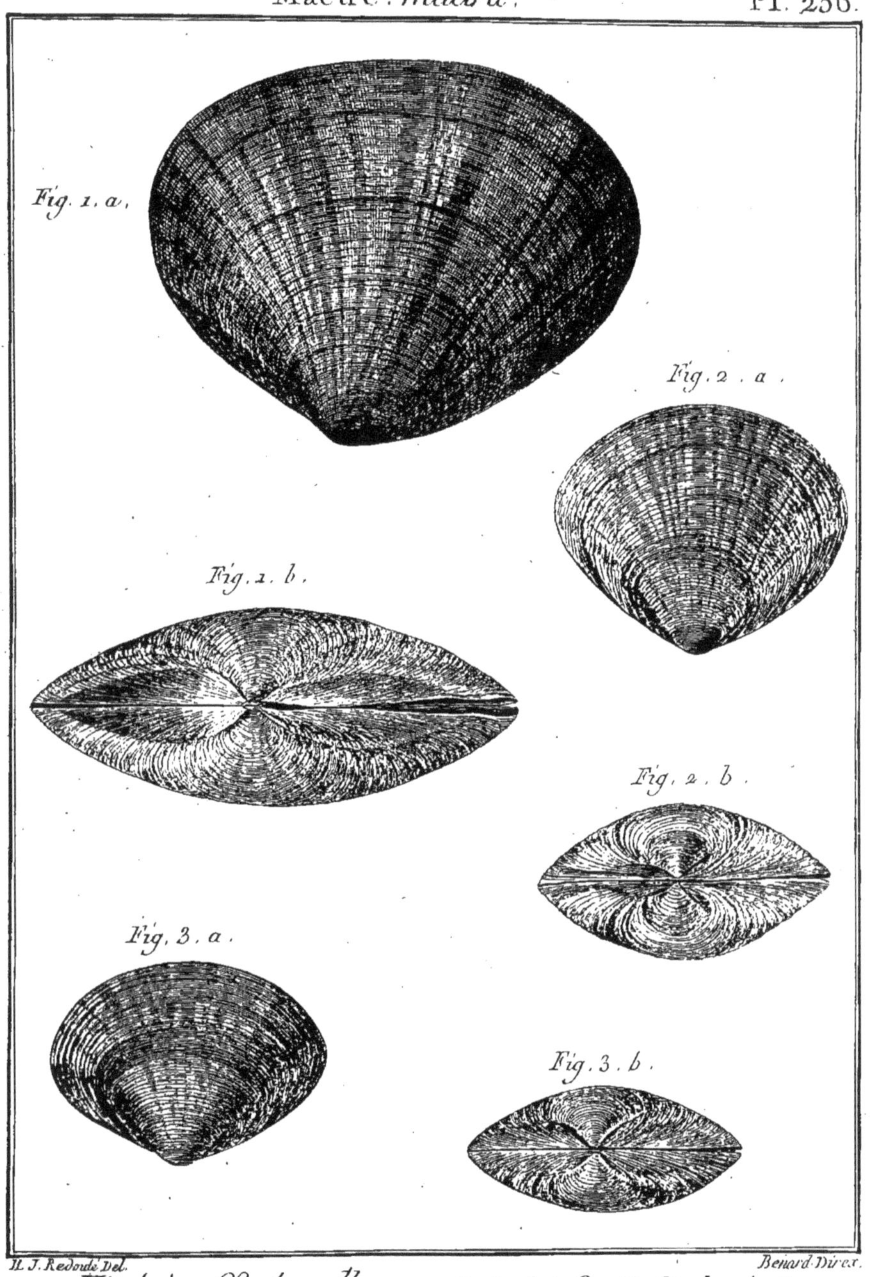

H. J. Redouté Del. Benard Direx.

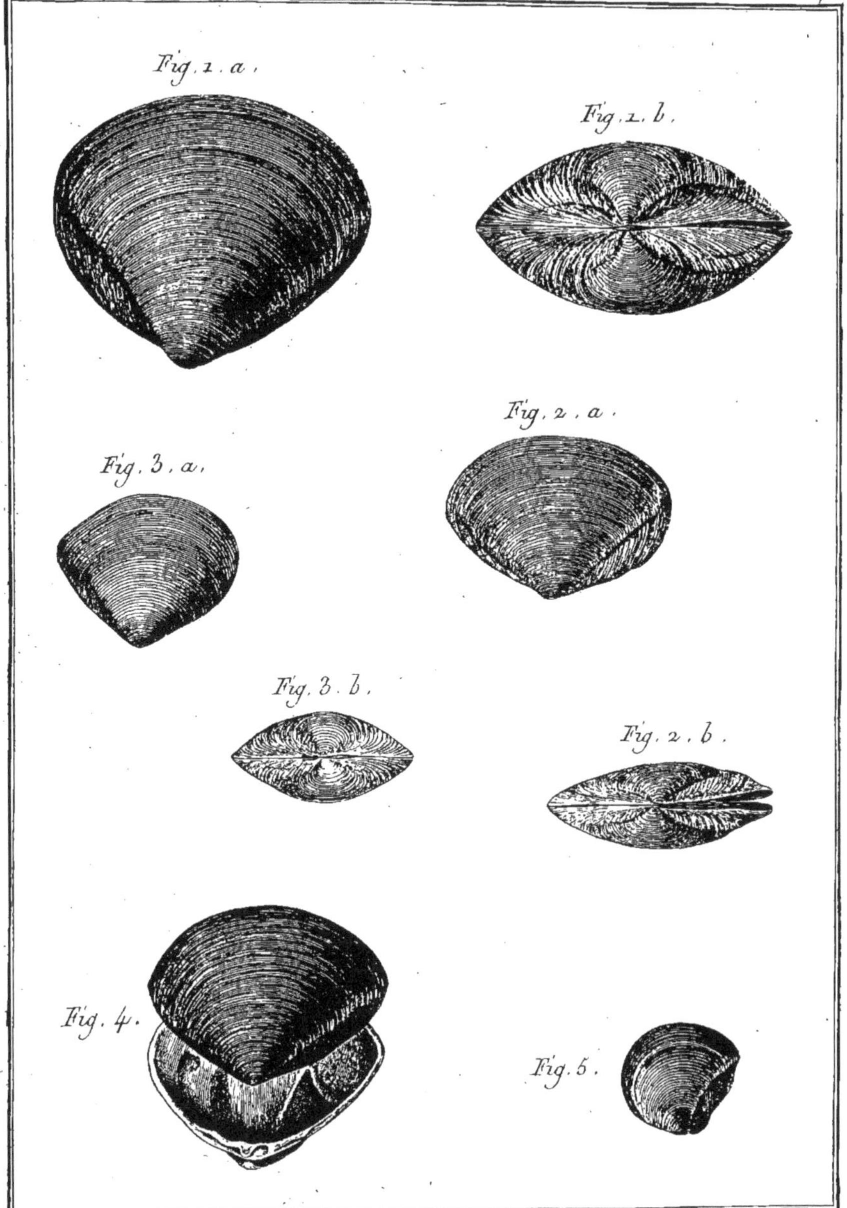

H. J. Redouté Del. Benard Direxit.

Histoire Naturelle, Vers Testacés à Coquille Bivalve régulière.

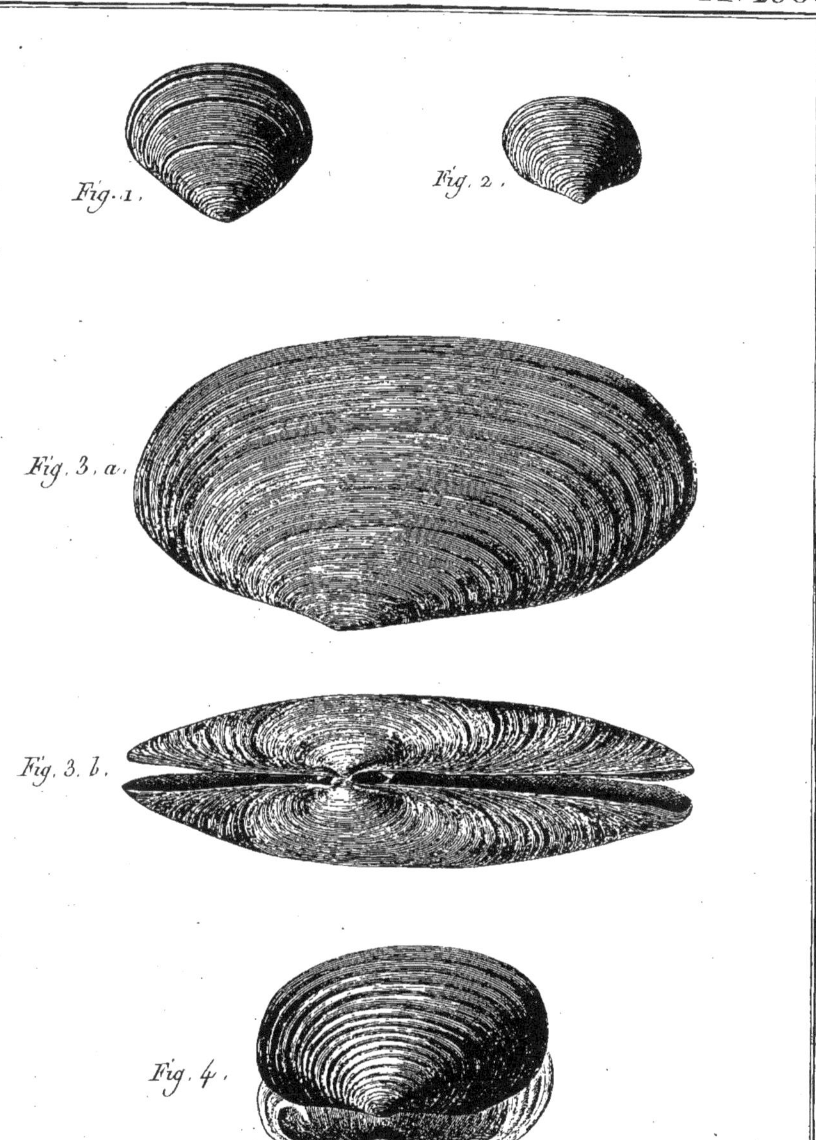

H. J. Redouté Del. Benard Direxit.

Histoire Naturelle, Vers Testacés à Coquille Bivalve régulière.

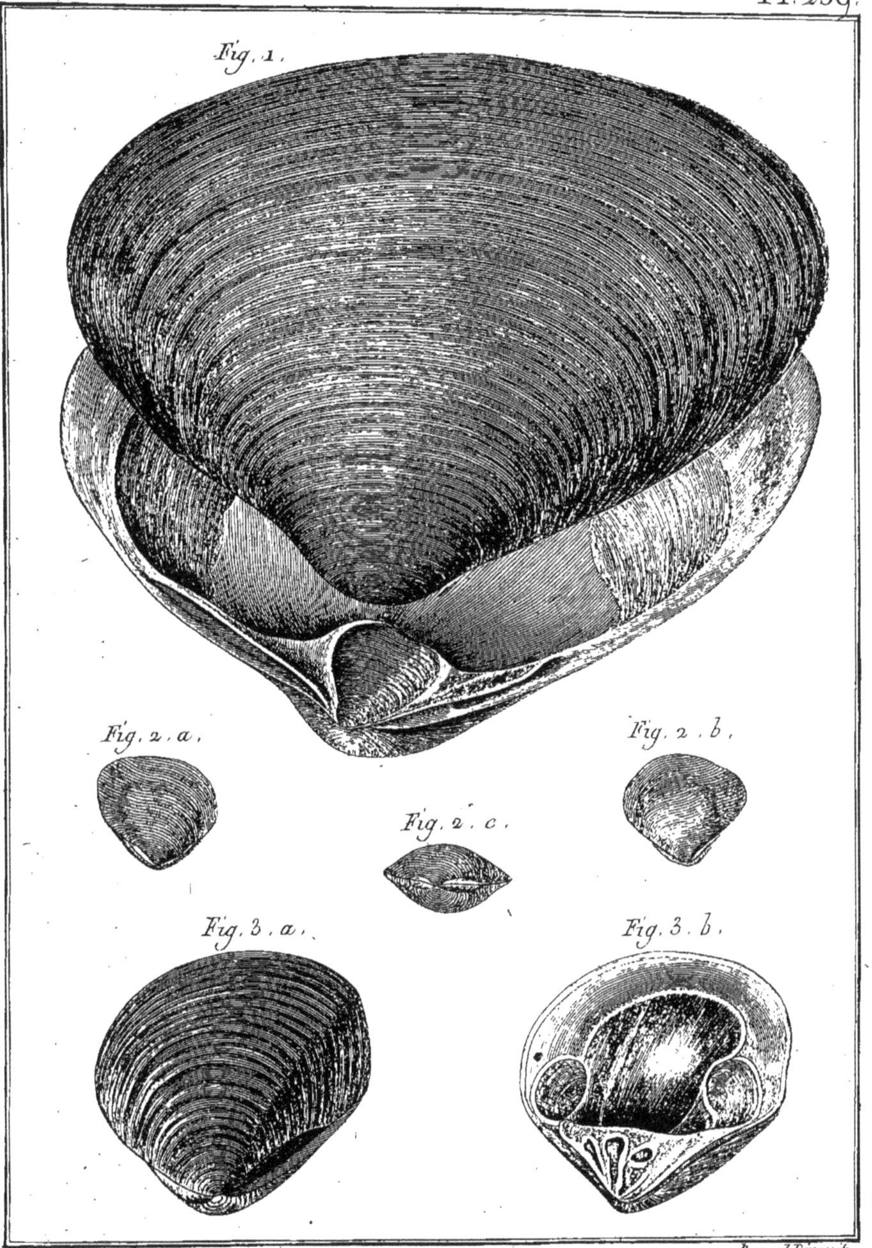

H. J. Redouté Del. Benard Direxit.

Histoire Naturelle, Vers Testacés à Coquille Bivalve régulière.

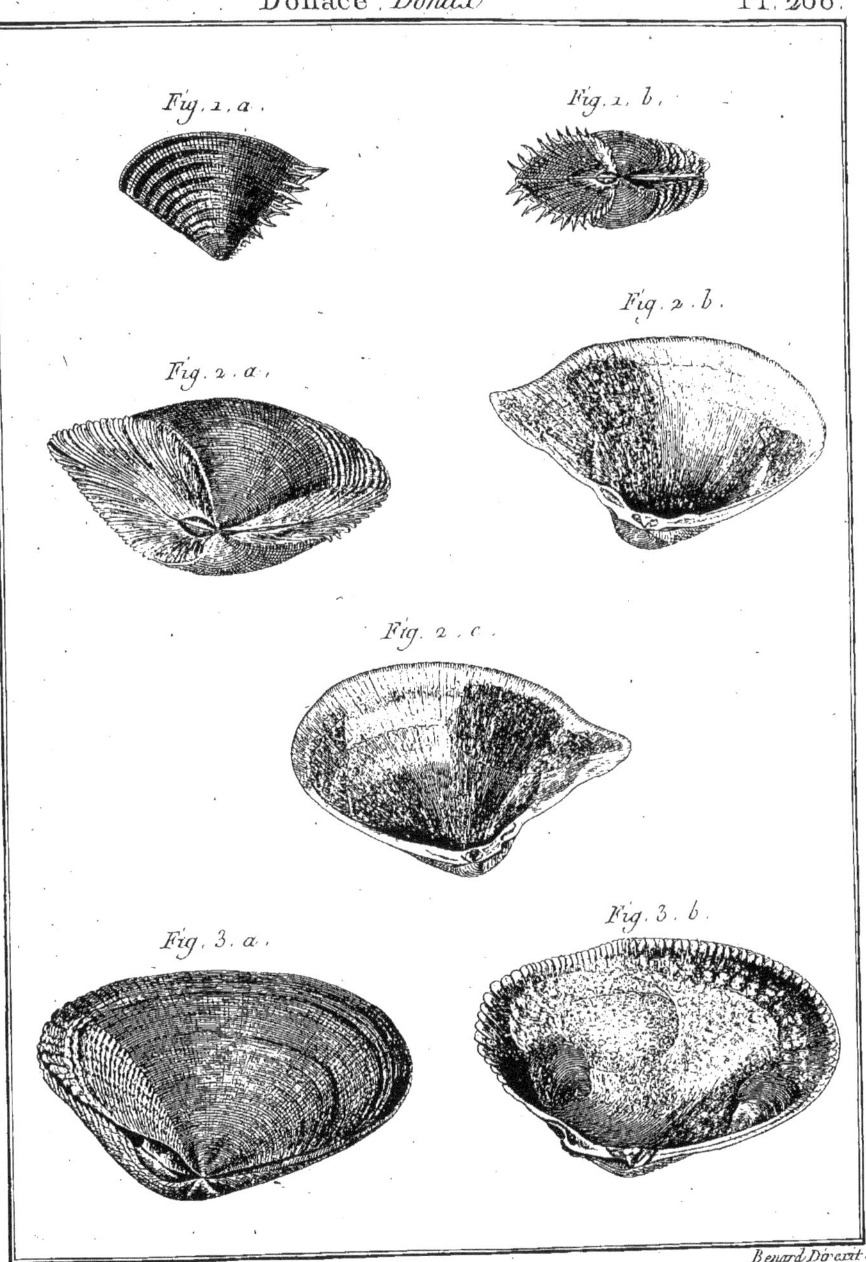

H. J. Redouté Del. Benard Direxit.

Histoire Naturelle, Vers Testacés à Coquille Bivalve régulière.

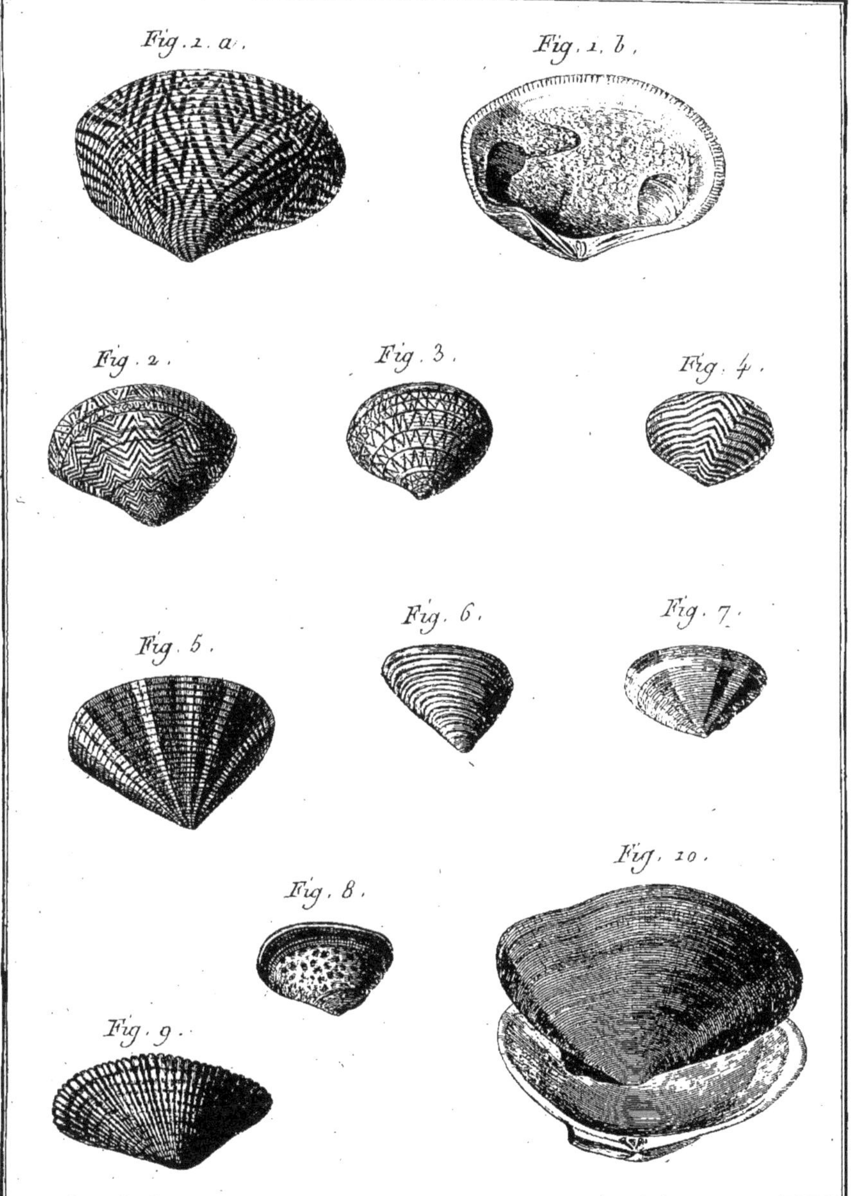

H. J. Redouté Del. Benard Direxit.

Histoire Naturelle, Vers Testacés à Coquille Bivalve régulière.

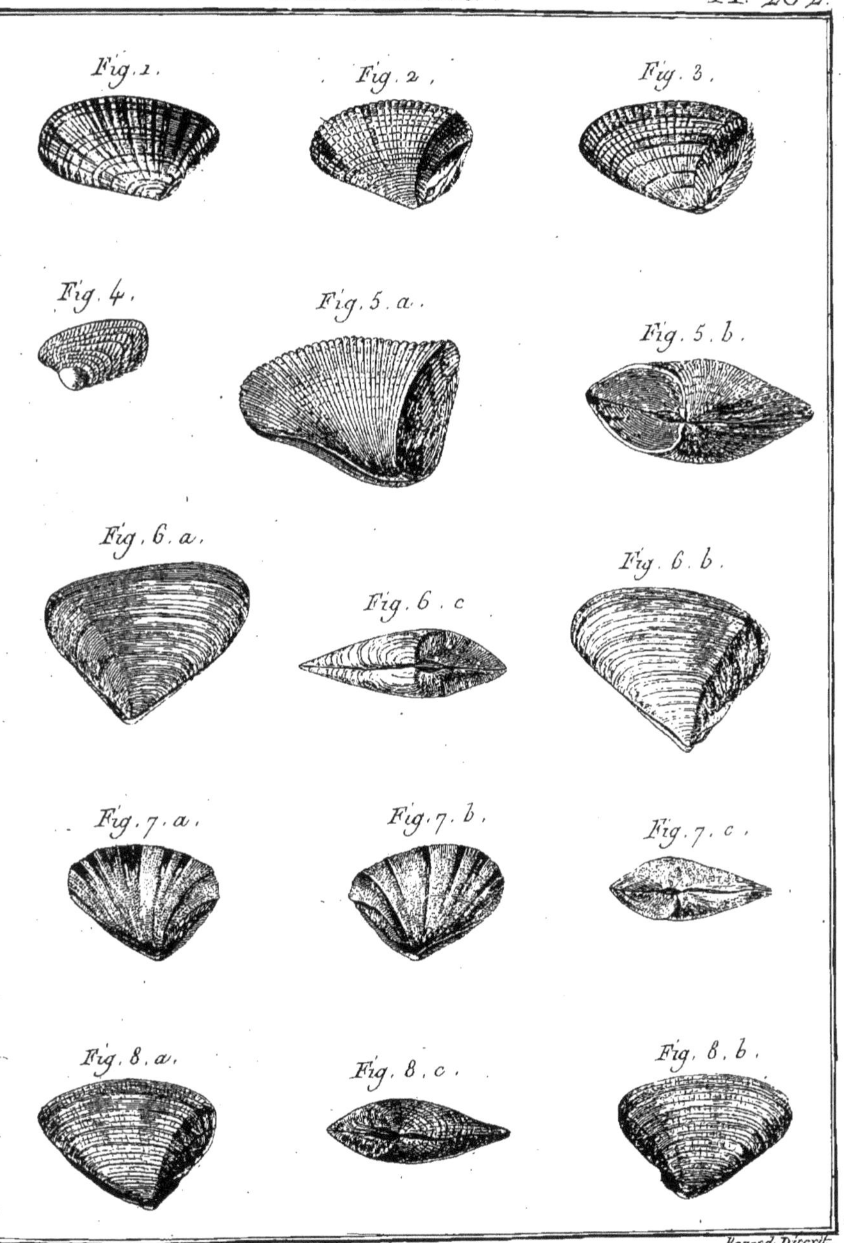

H. J. Redouté Del. Benard Direxit.

Histoire Naturelle, Vers Testacés à Coquille Bivalve régulière

Venus, *Venus*. Pl. 263.

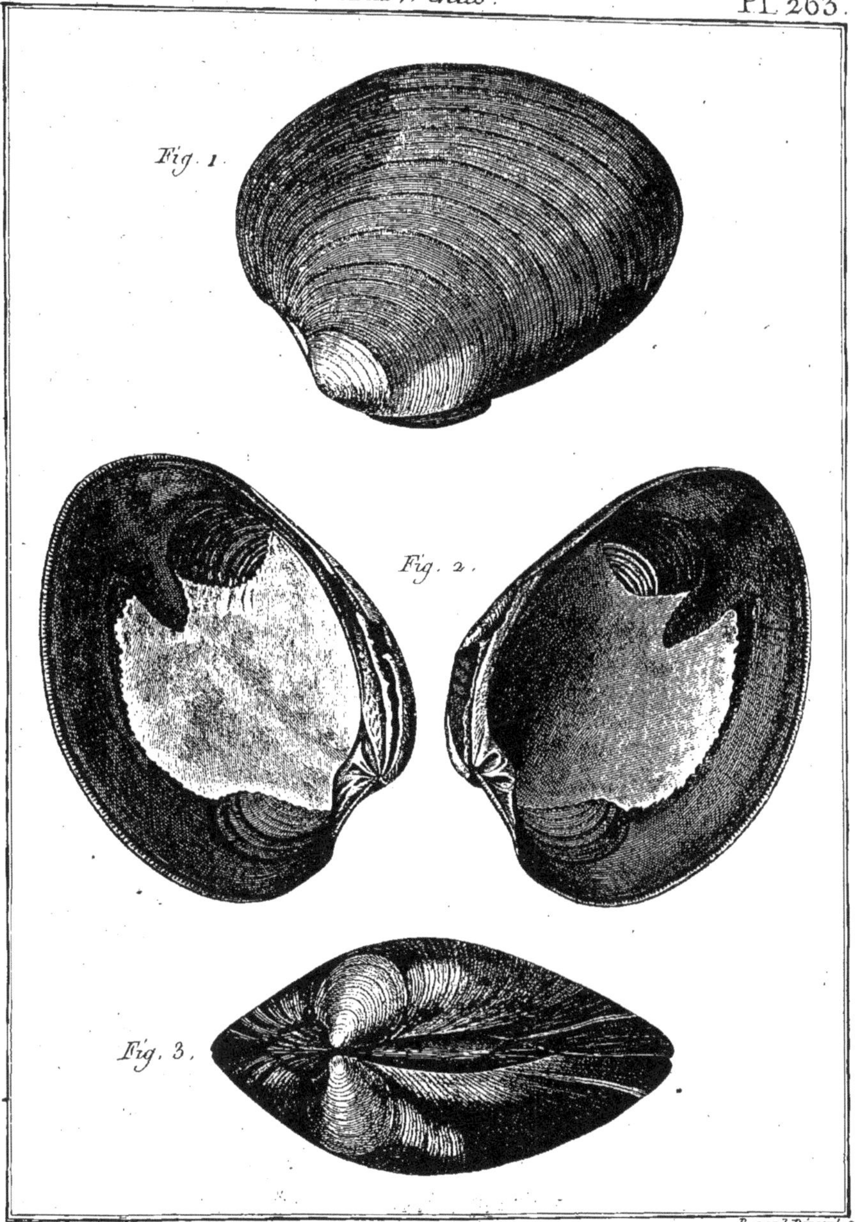

H. J. Redouté Del. Benard Direxit.

Histoire Naturelle, Vers Testacés à Coquille Bivalve régulière.

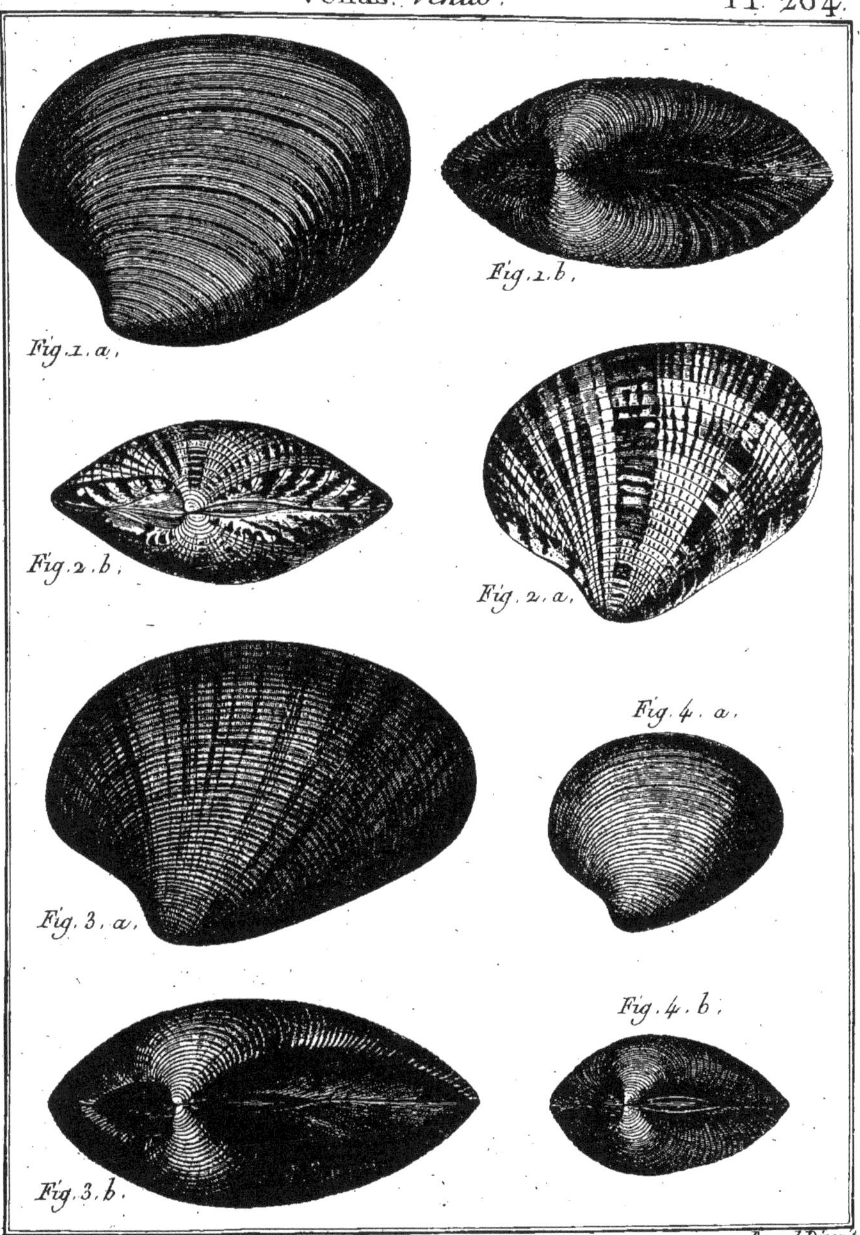

H. J. Redouté Del. Benard Direxit.

Histoire Naturelle, Vers Testacés à Coquille Bivalve régulière. 143.

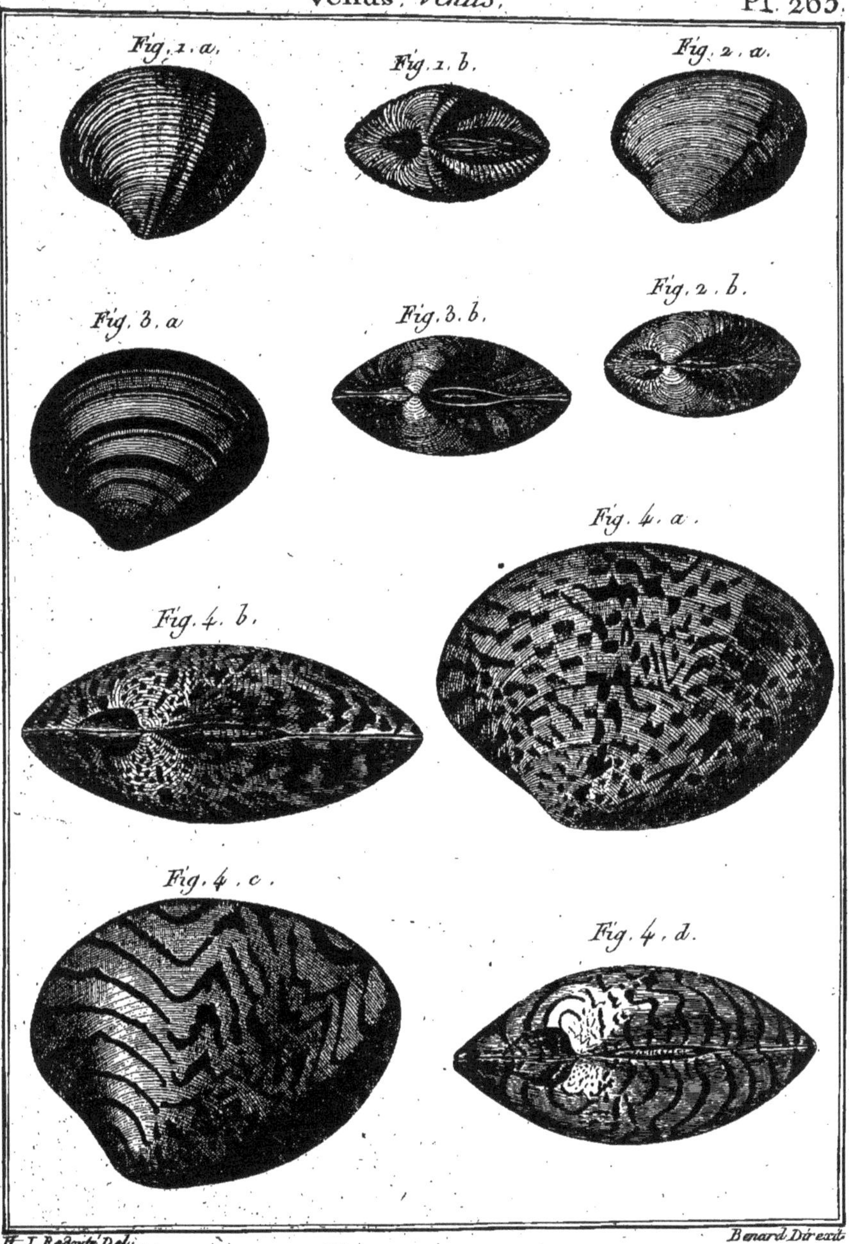

H. J. Redouté Del. Benard Direxit.

Histoire Naturelle, Vers Testacés à Coquille Bivalve régulière.

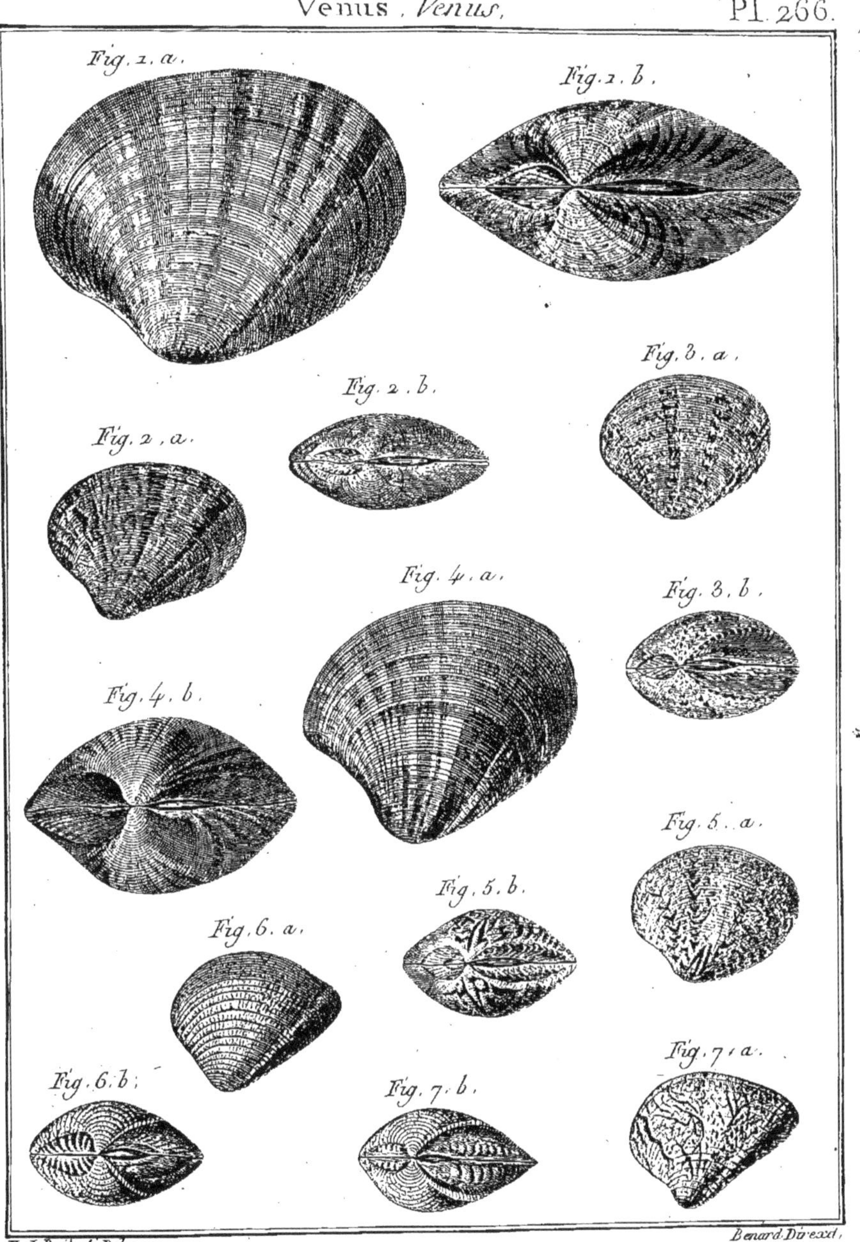

H. J. Redouté Del. Benard Direxit.

Histoire Naturelle, Vers Testacés à Coquille Bivalve régulière. 144.

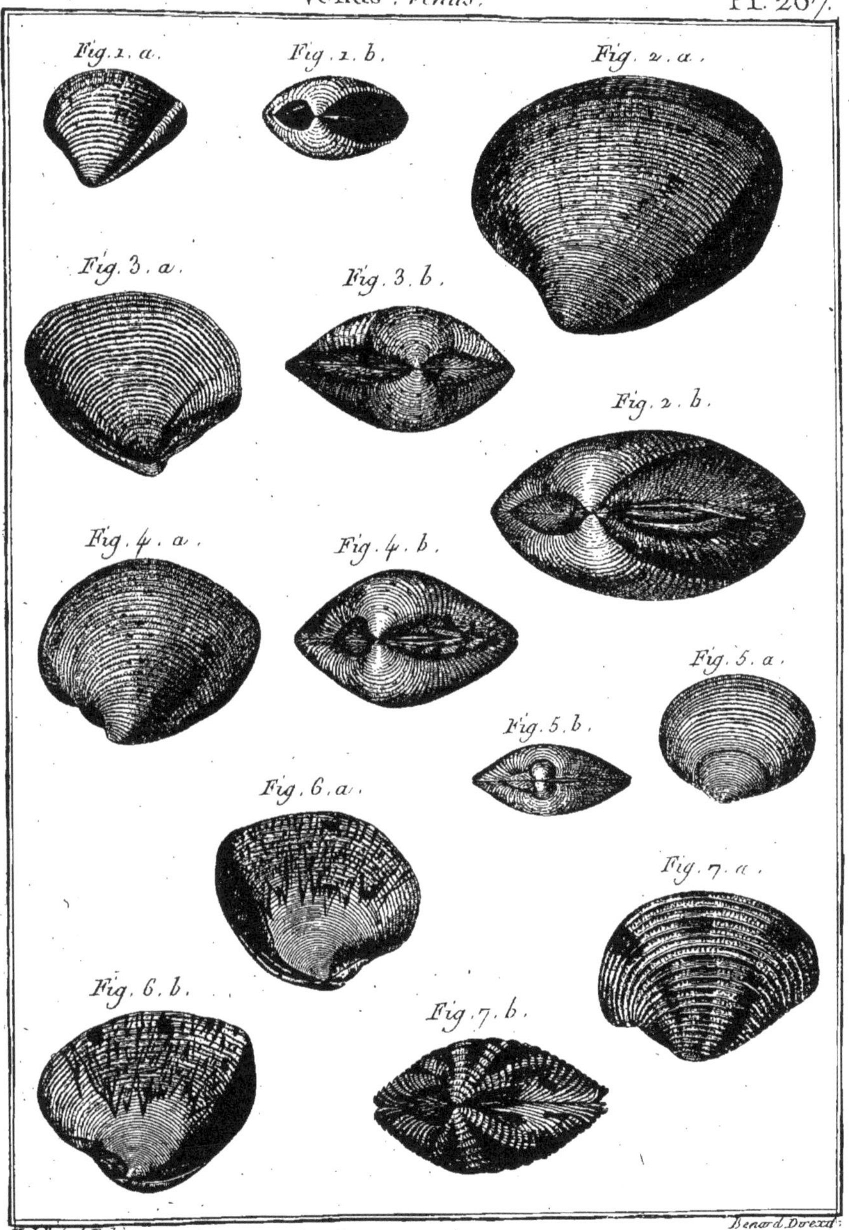

H. J. Redouté Del. Benard Direxit.

Histoire Naturelle, Vers Testacés à Coquille Bivalve régulière.

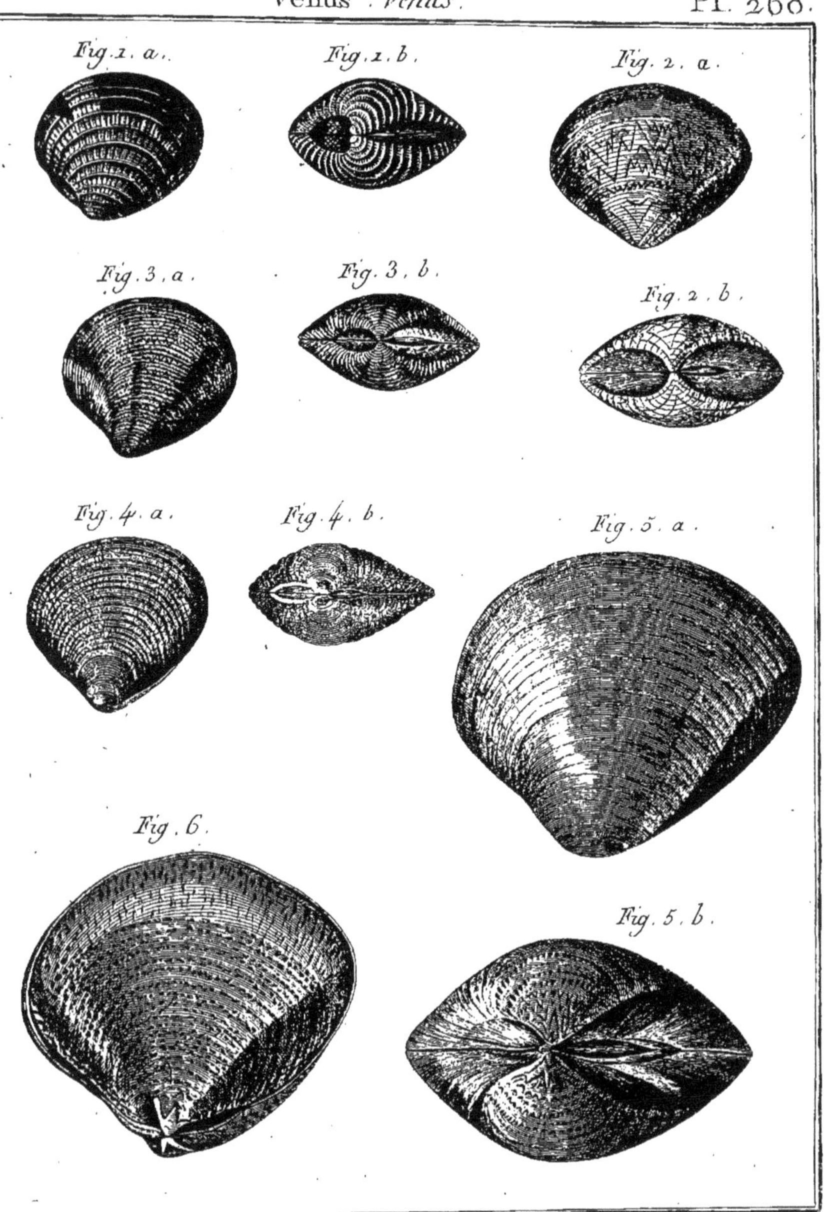

Benard Direxit.

Histoire Naturelle, Vers Testacés à Coquille Bivalve régulière. 145.

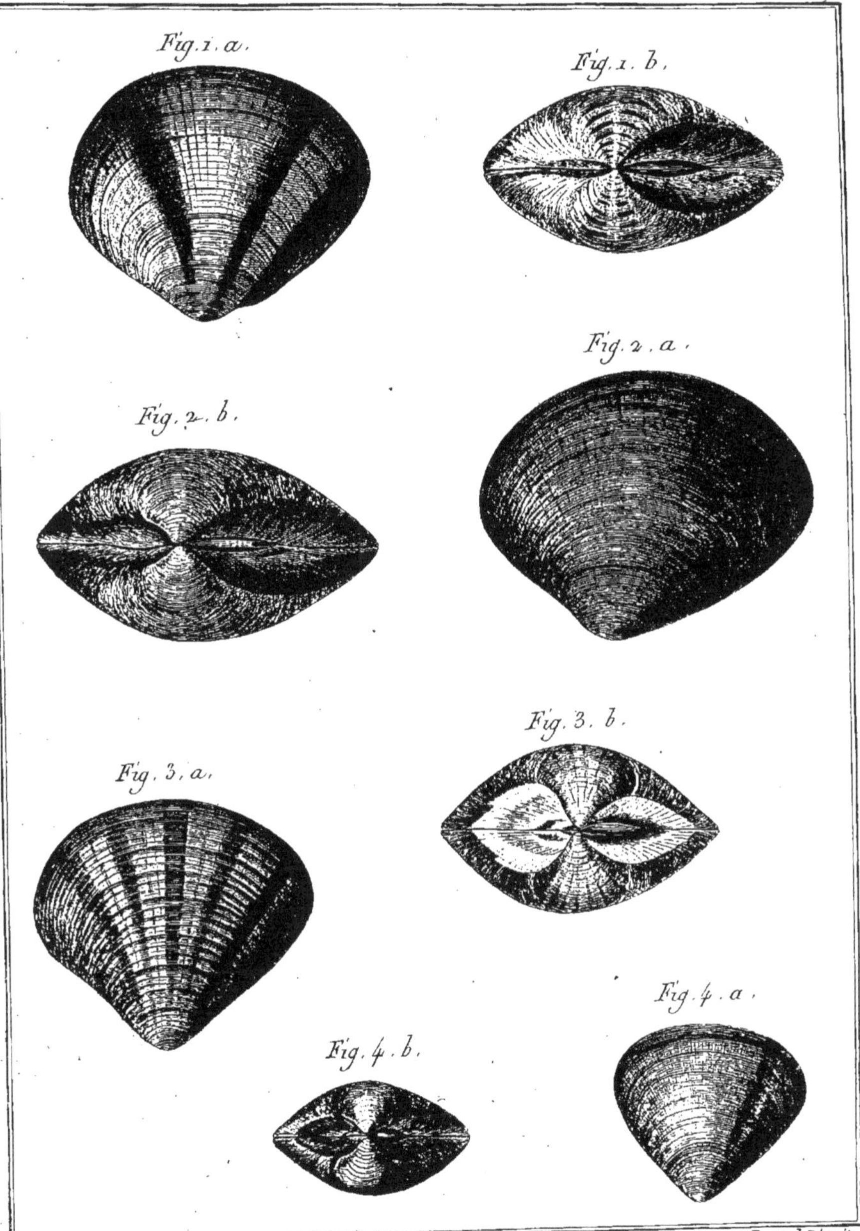

H. J. Redouté Del. Benard Direxit.

Histoire Naturelle, *Vers Testacés à Coquille Bivalve régulière.*

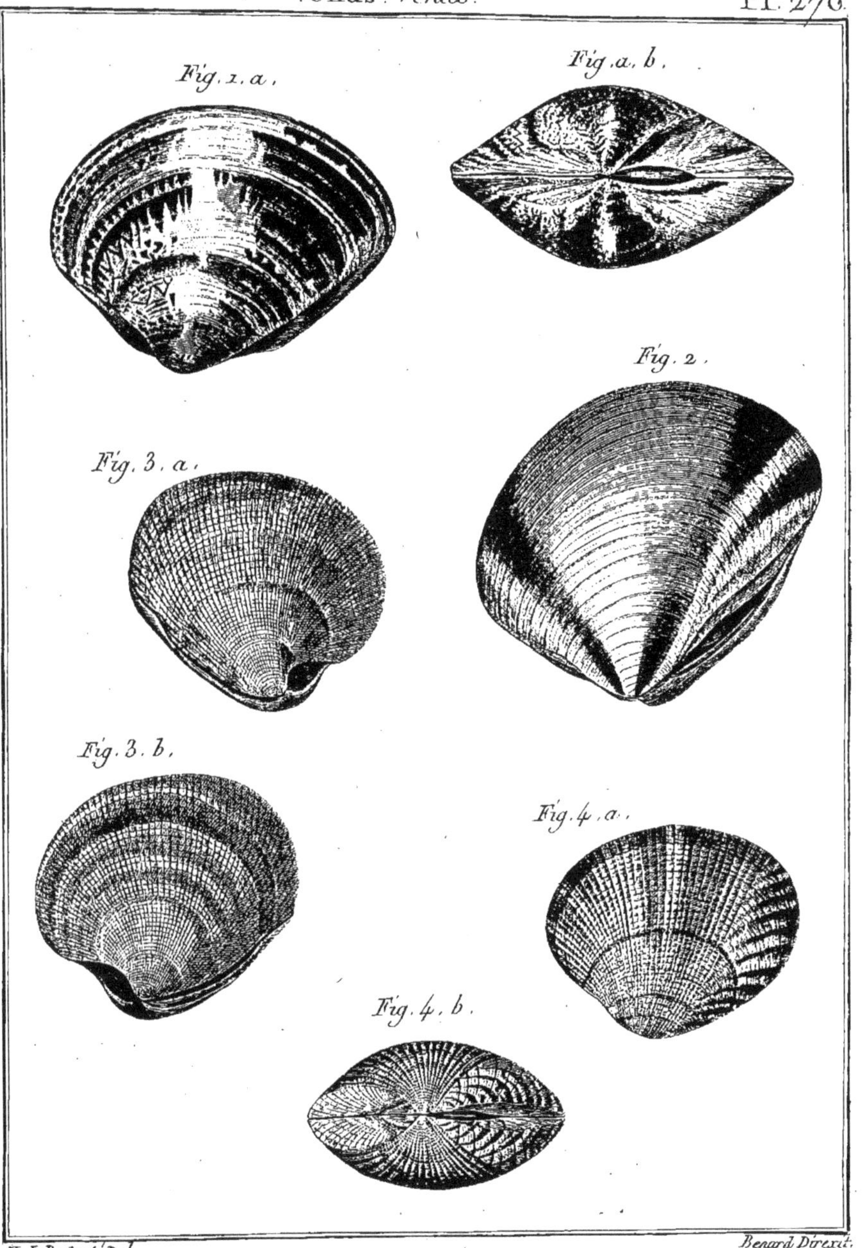

H. J. Redouté Del. Benard Direxit.

Histoire Naturelle, Vers Testacés à Coquille Bivalve régulière. 146.

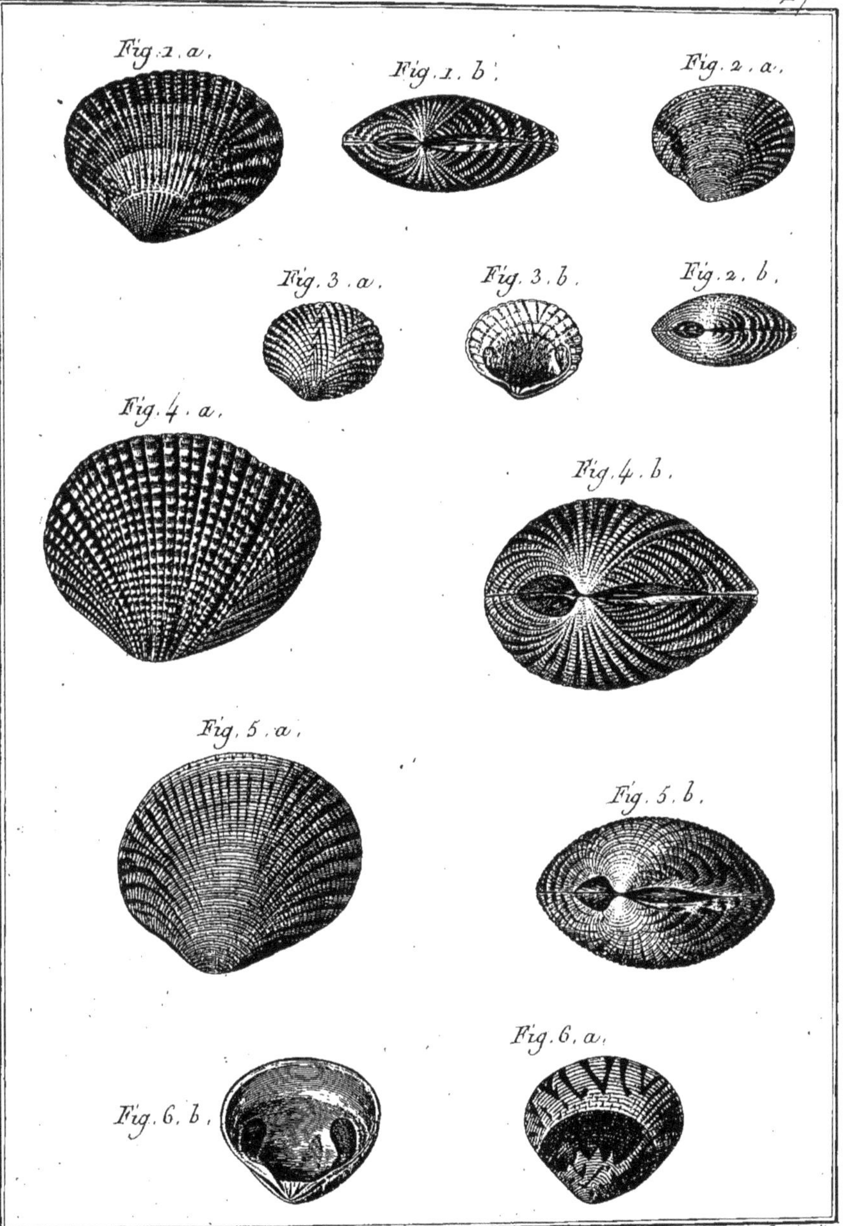

H. J. Redouté Del. Benard Direxit.

Histoire Naturelle, Vers Testacés à Coquille Bivalve régulière.

Venus, *Venus.* Pl. 272.

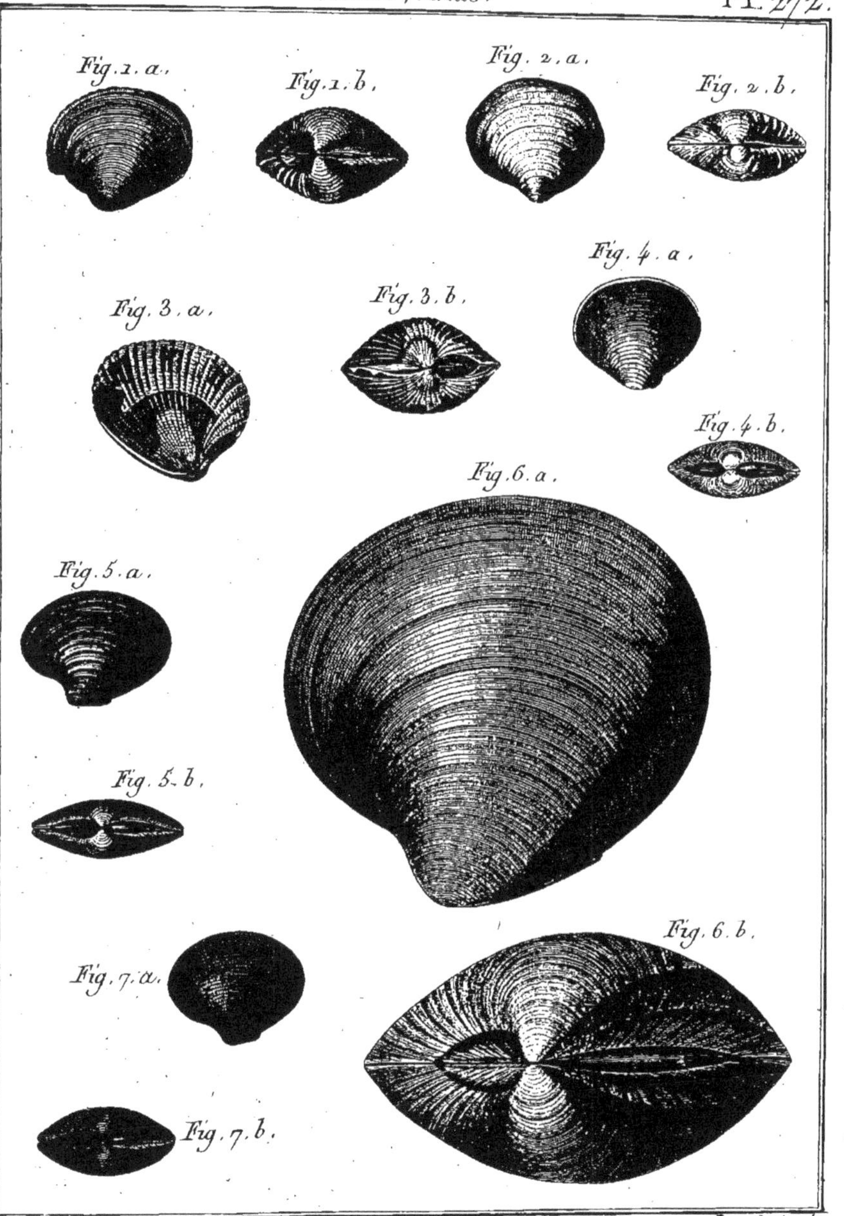

H. J. Redouté Del. Benard Direxit.

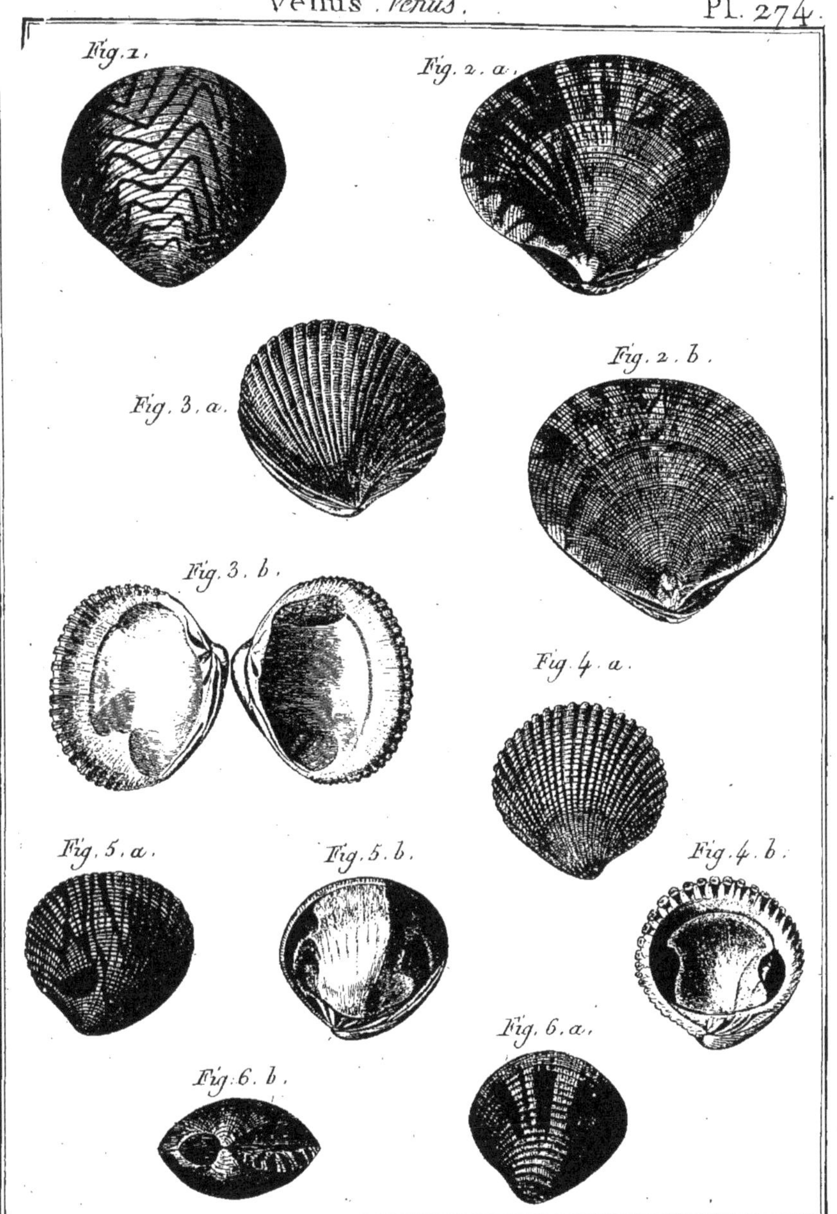

Benard Direxit.

Histoire Naturelle, Vers Testacés à Coquille Bivalve régulière. 148.

Venus. *Venus*. Pl. 275.

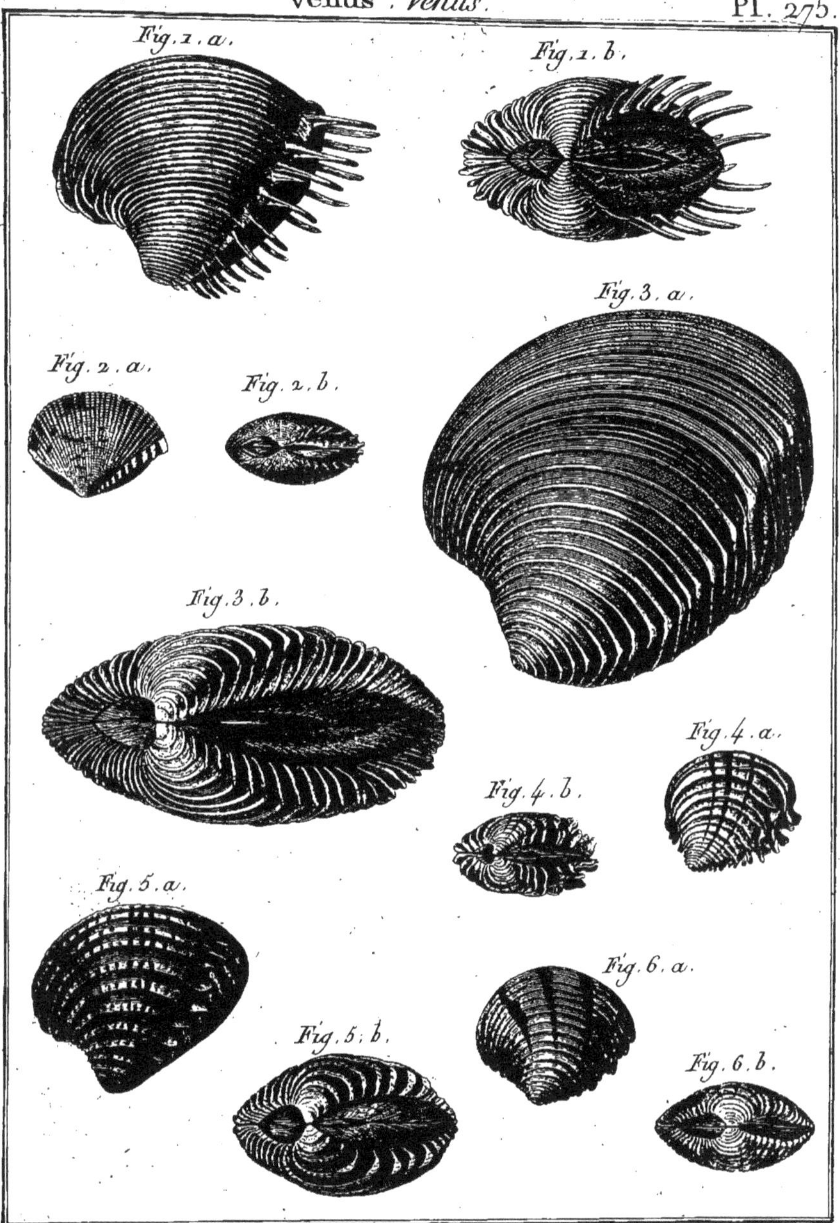

H. J. Redouté Del. Benard Direxit

Histoire Naturelle, *Vers Testacés à Coquille Bivalve régulière.*

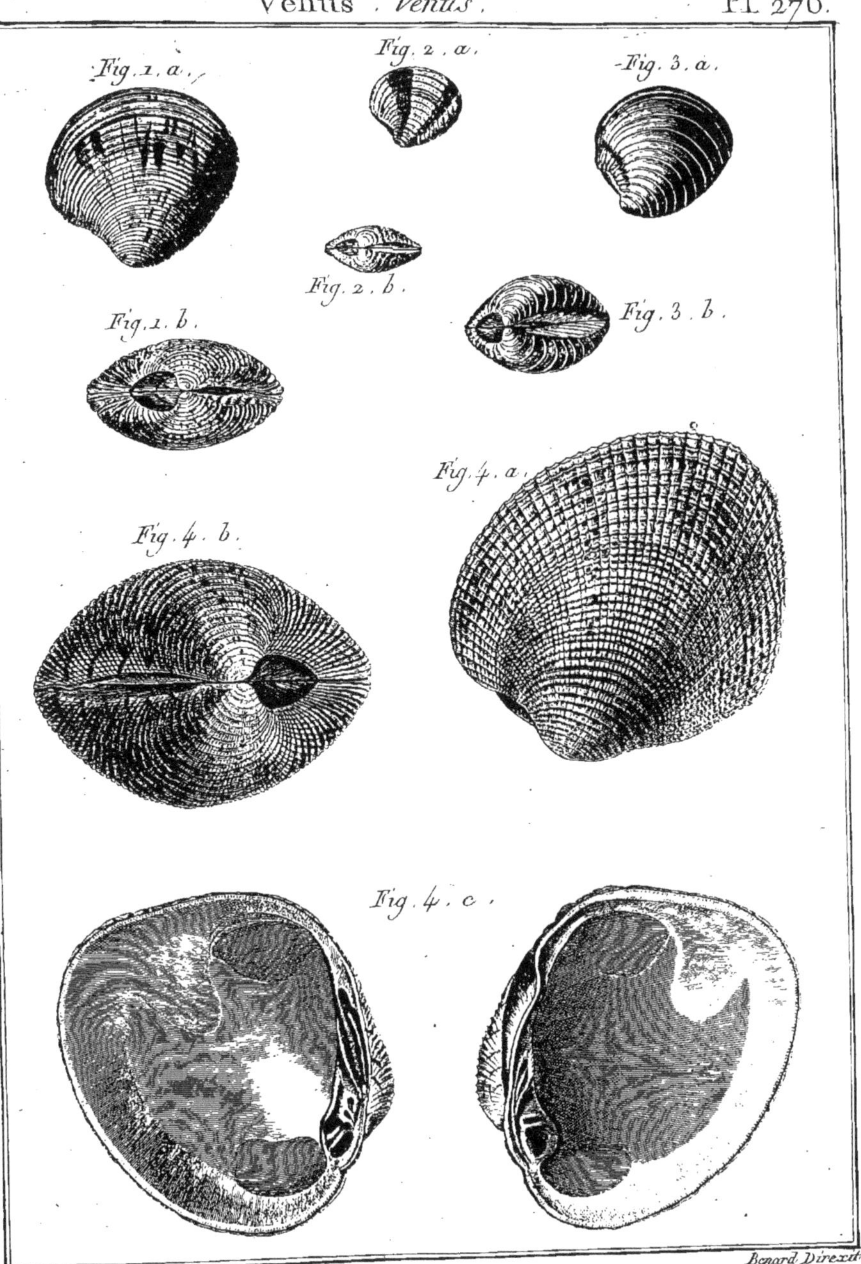

H. J. Redouté Del.

Benard Direxit.

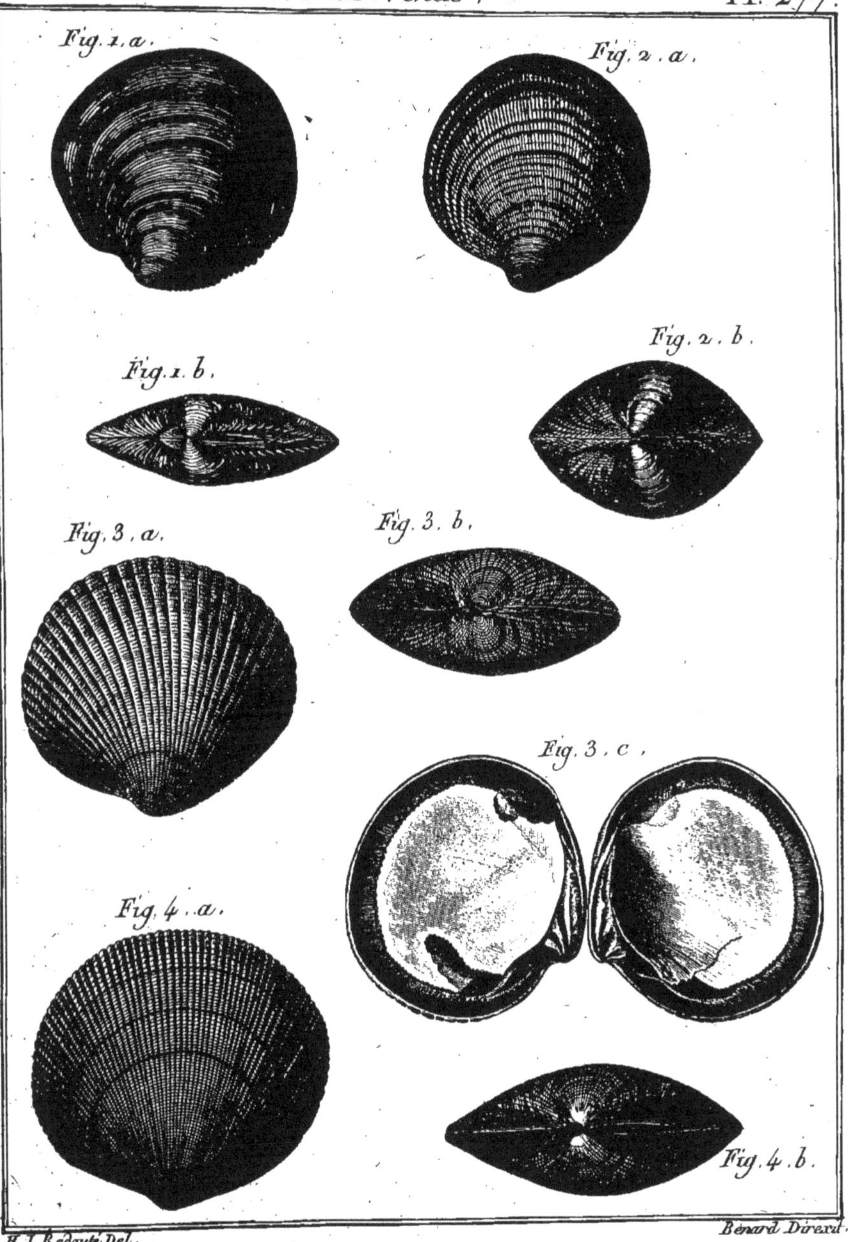

H. J. Redouté Del. Bénard Direxit.

Histoire Naturelle, Vers Testacés à Coquille Bivalve régulière.

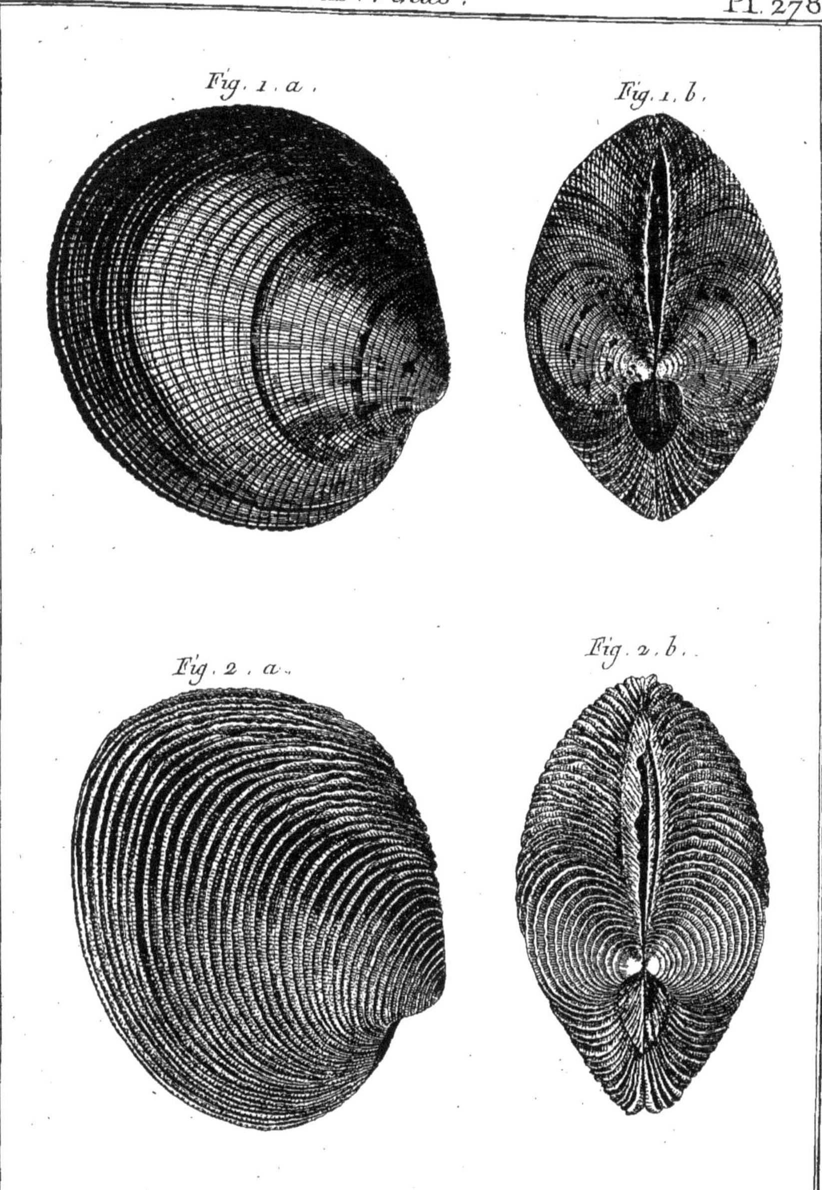

H. J. Redouté Del. Benard Direxit.

Histoire Naturelle, Vers Testacés à Coquille Bivalve régulière.

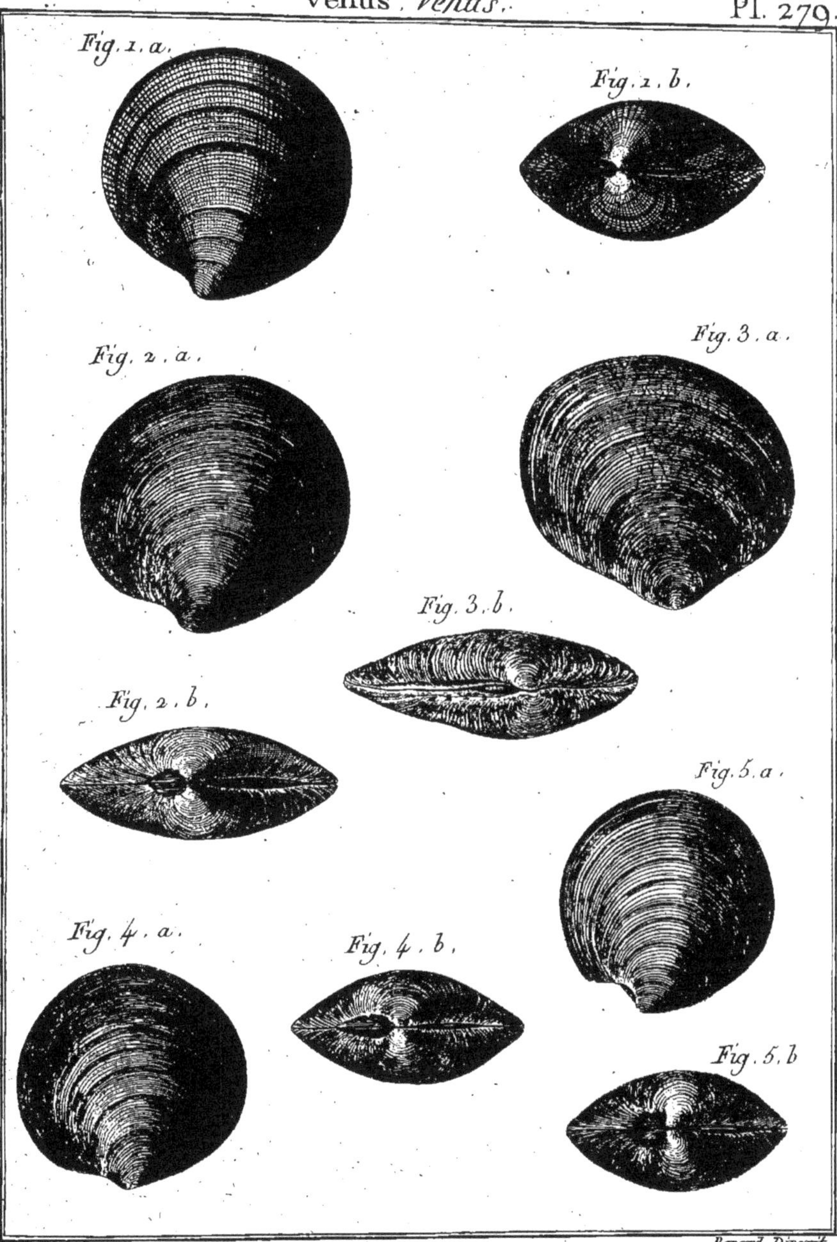

Benard Direxit.

Histoire Naturelle, *Vers Testacés à Coquille Bivalve régulière.*

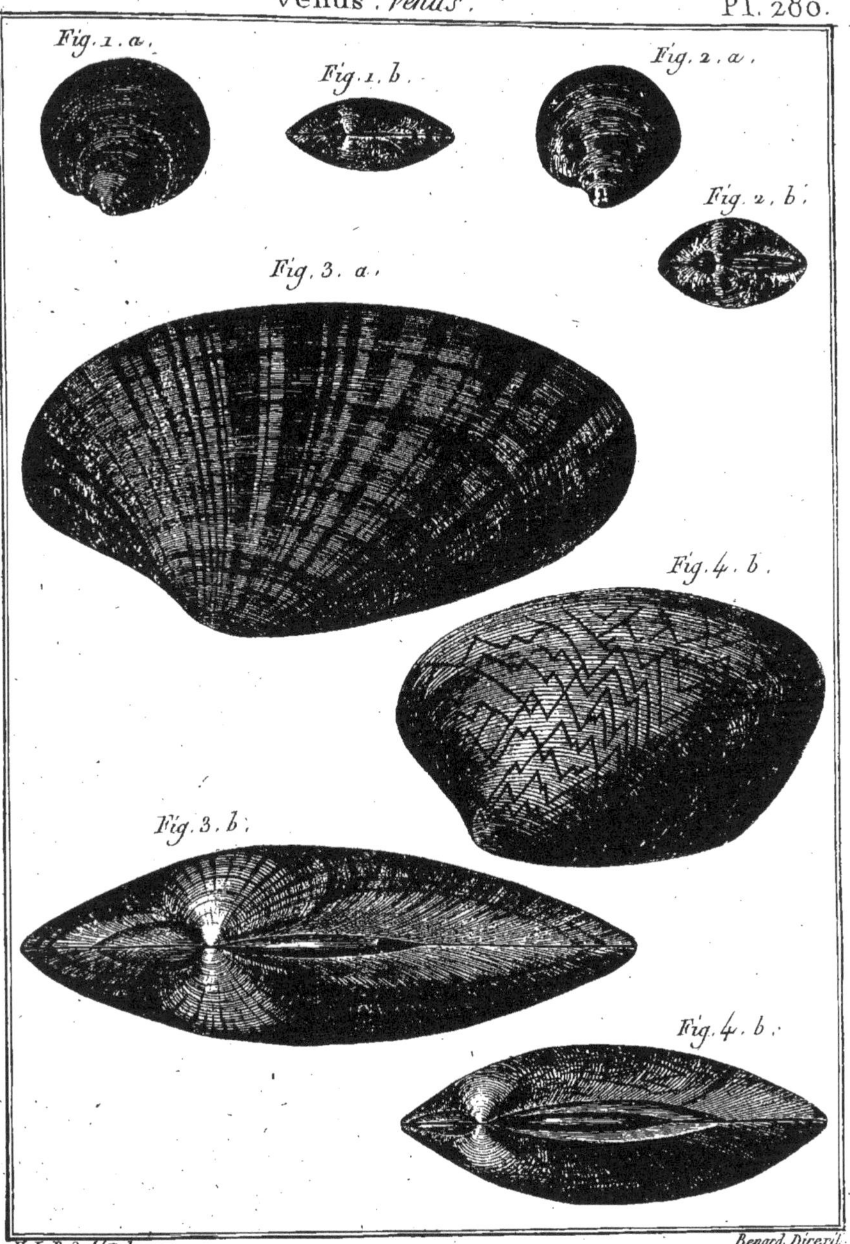

H. J. Redouté Del. Benard Direxit.

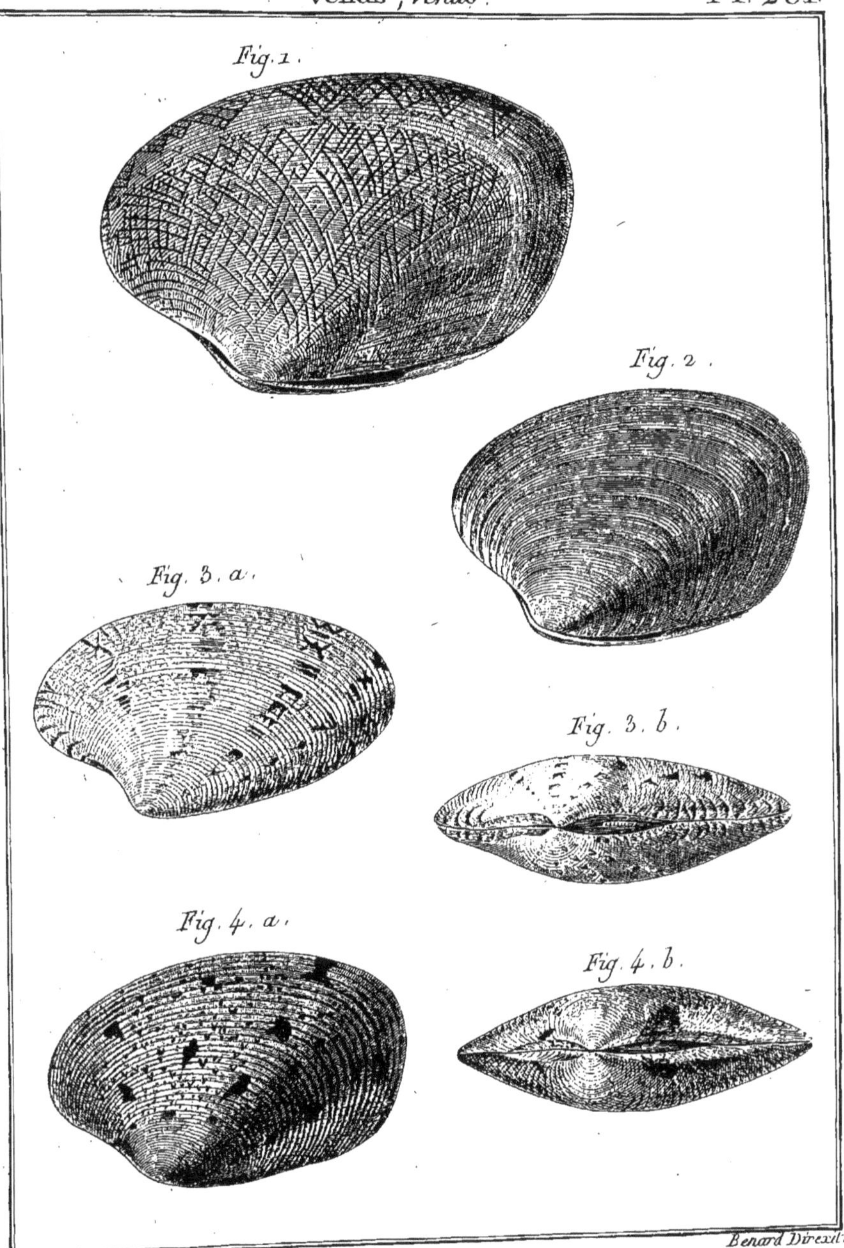

Histoire Naturelle, Vers Testacés à Coquille Bivalve régulière.

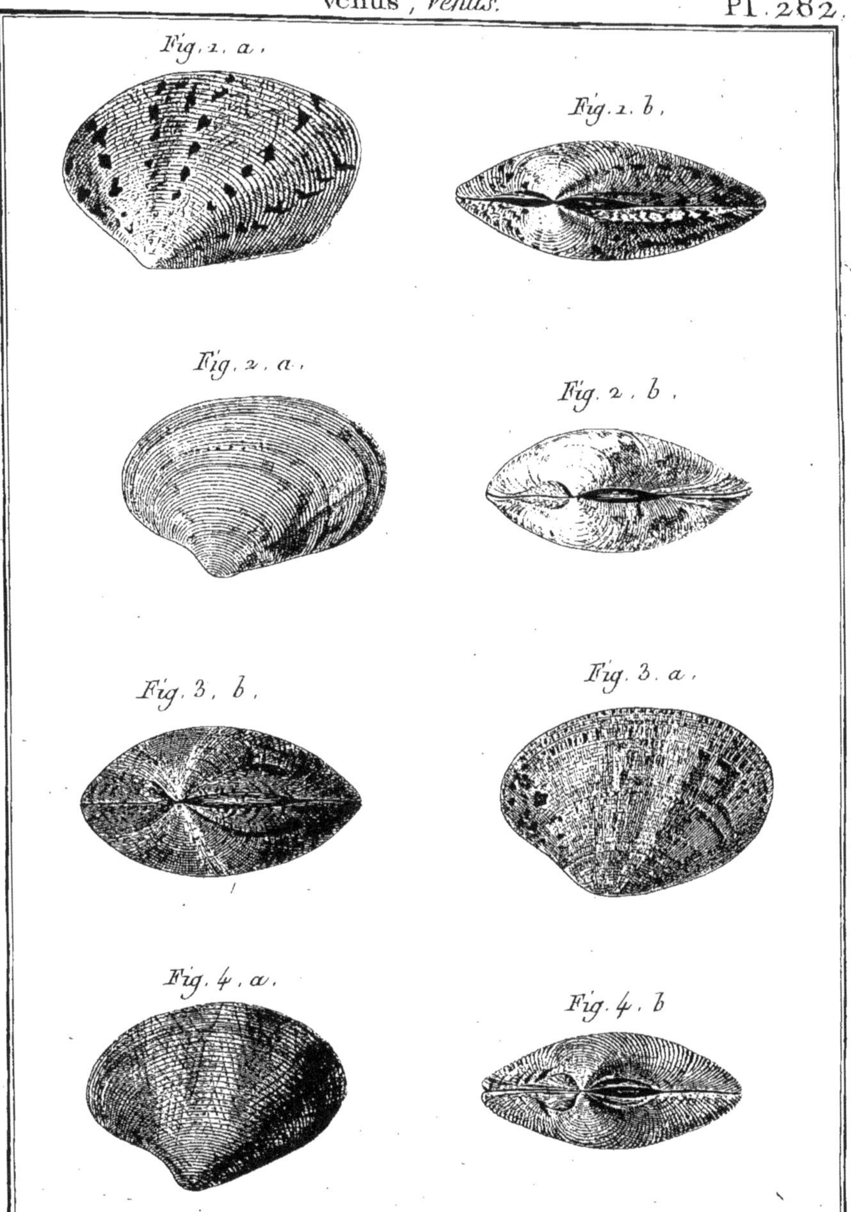

Benard Direxit.

Histoire Naturelle, Vers Testacés à Coquille Bivalve régulière.

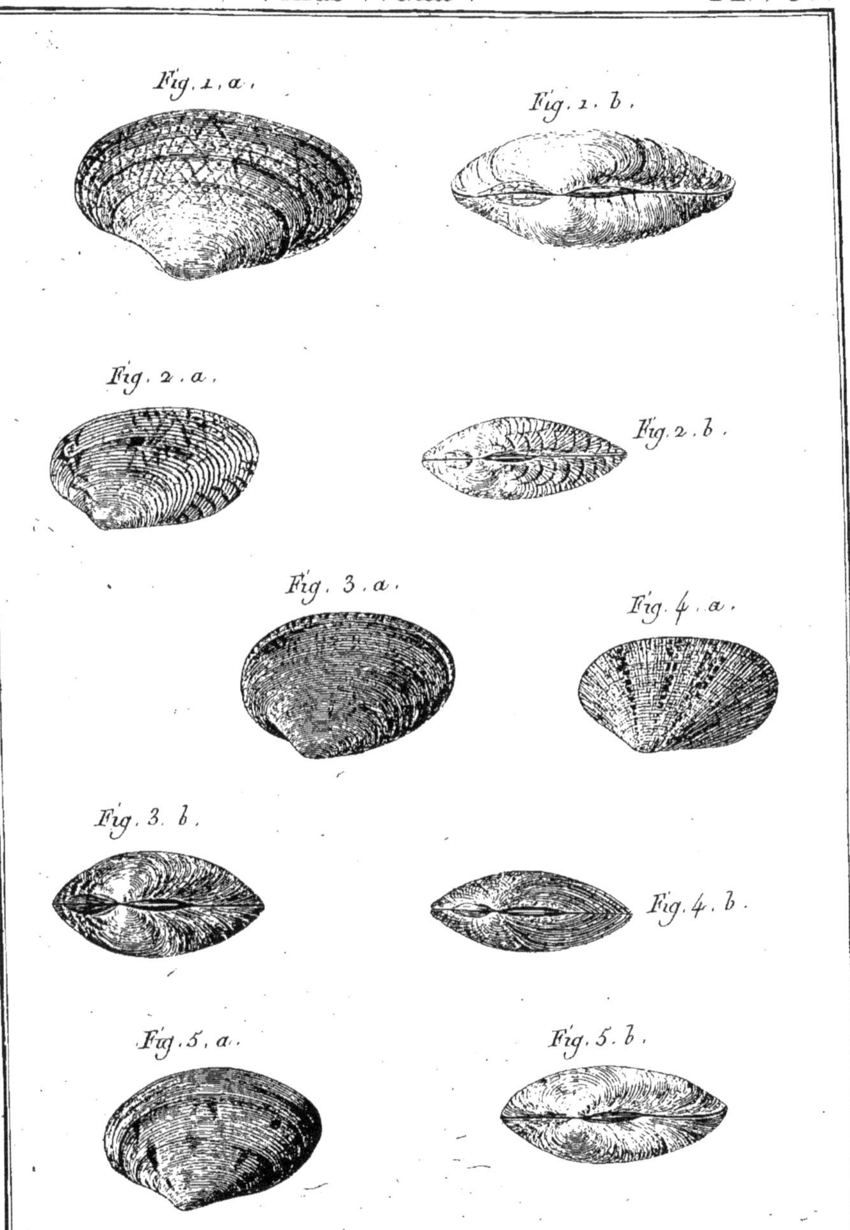

H. J. Redouté Del.

Benard Direxit.

Histoire Naturelle , *Vers Testacés à Coquille Bivalve régulière* .

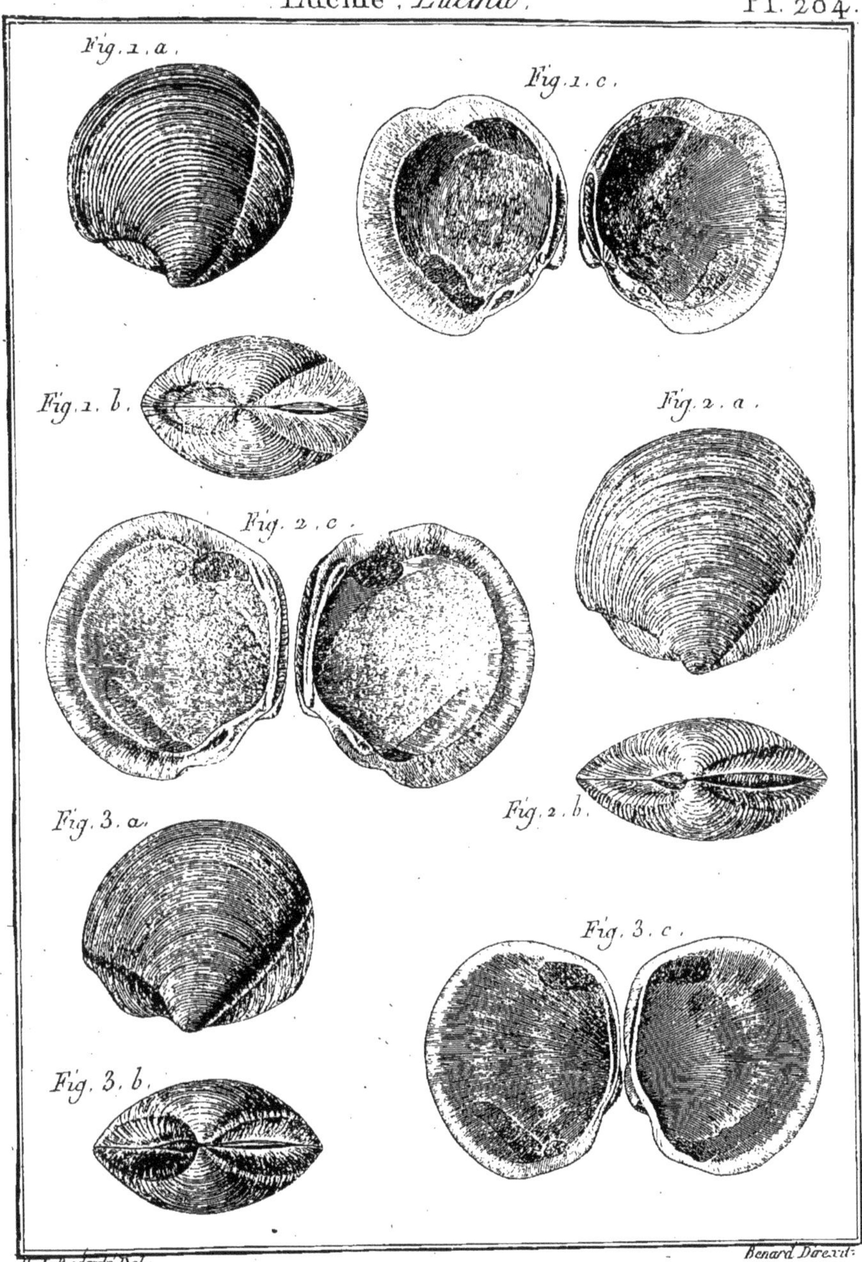

H. J. Redouté Del. Benard Direxit.

Histoire Naturelle, Vers Testacés à Coquille Bivalve régulière.

Lucine, *Lucina*. Pl. 285.

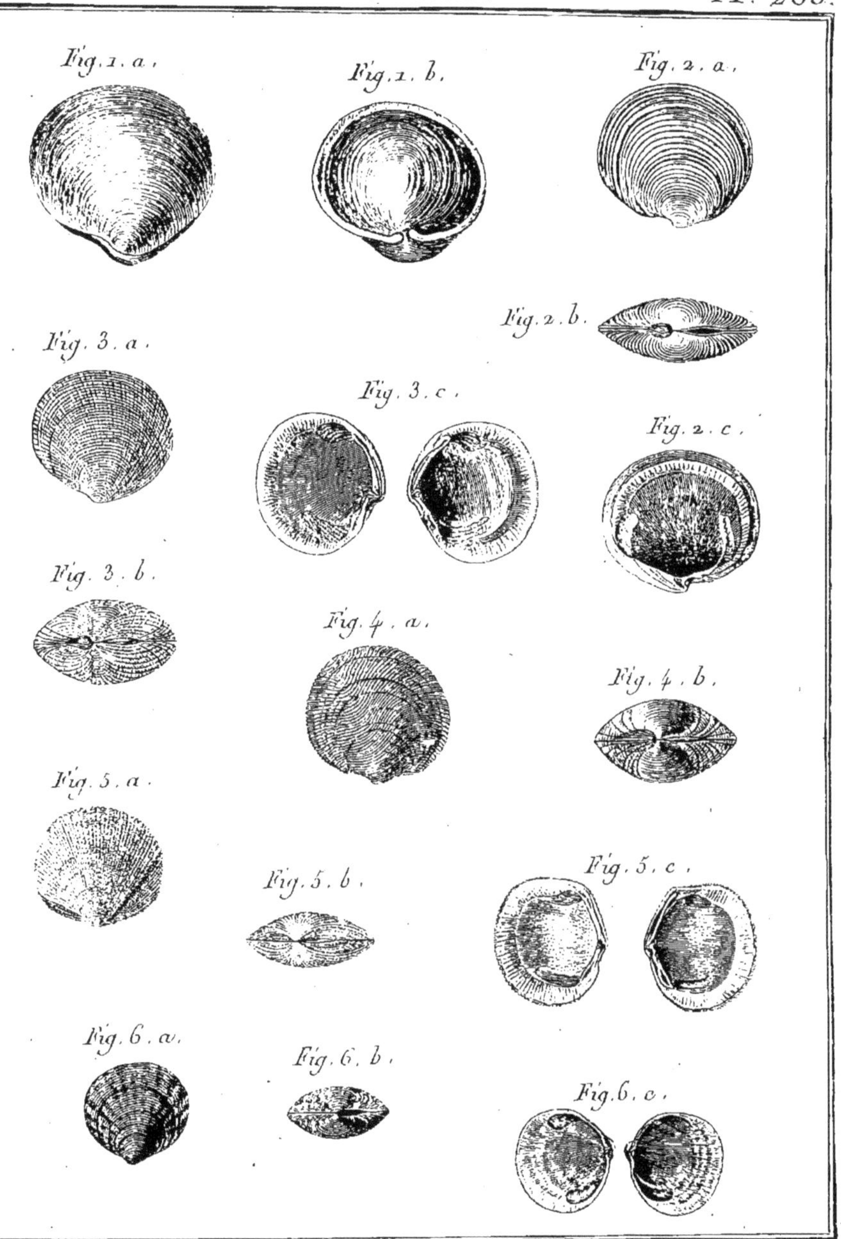

Benard Direx.

Histoire Naturelle, Vers Testacés à Coquille Bivalve régulière.

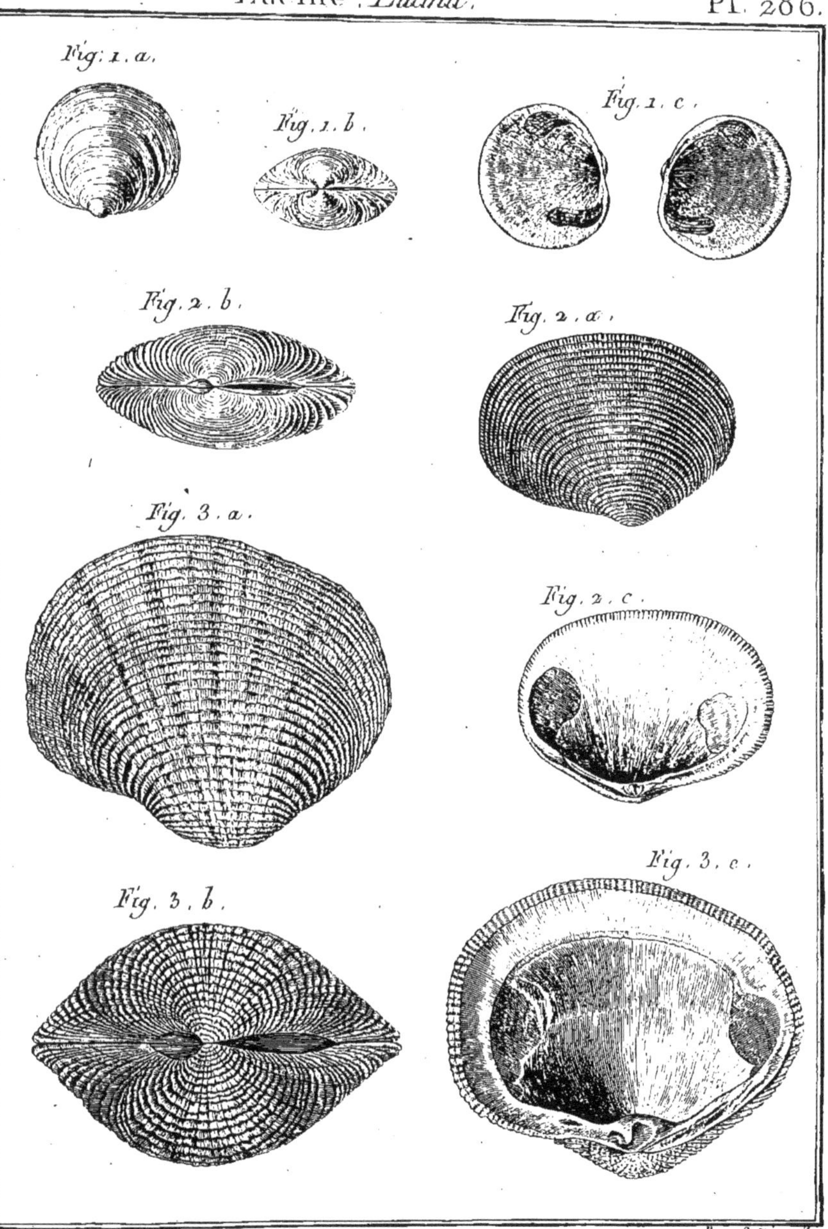

H. J. Redouté Del. Benard Direxit.

Histoire Naturelle, *Vers Testacés à Coquille Bivalve régulière*.

www.ingramcontent.com/pod-product-compliance
Ingram Content Group UK Ltd.
Pitfield, Milton Keynes, MK11 3LW, UK
UKHW020326230726
13925UKWH00002B/652

9 782014 033410